/ 100 位

为新中国成立作出突出贡献的英雄模范人物/

# 赵尚志

赵俊清/编著

吉林文史出版社

图书在版编目（CIP）数据

赵尚志 / 赵俊清编著. -- 长春 : 吉林文史出版社,
2011.4（2022.4重印）
（100位为新中国成立作出突出贡献的英雄模范人物）
ISBN 978-7-5472-0559-4

Ⅰ. ①赵… Ⅱ. ①赵… Ⅲ. ①赵尚志（1908～1942）—
生平事迹 Ⅳ. ①K825.2

中国版本图书馆CIP数据核字(2011)第050796号

# 赵尚志

ZHAOSHANGZHI

编著/ 赵俊清
选题策划/ 王尔立　责任编辑/ 王尔立
装帧设计/ 韩璘
出版发行/ 吉林文史出版社
地址/ 长春市福祉大路5788号　邮编/ 130118
电话/ 0431-81629363　传真/ 0431-86037589
印刷/ 天津海德伟业印务有限公司
版次/ 2011年4月第1版 2022年4月第6次印刷
开本/ 640mm×920mm　1/16
印张/ 9　字数/ 100千
书号/ ISBN 978-7-5472-0559-4
定价/ 29.80元

《100位为新中国成立作出突出贡献的英雄模范人物》丛书

# / 100 位

## 为新中国成立作出突出贡献的英雄模范人物/

八女投江　于化虎　小叶丹　马本斋　马立训　方志敏

毛泽民　毛泽覃　王尔琢　王尽美　王克勤　王若飞

邓　萍　邓中夏　邓恩铭　韦拔群　冯　平　卢德铭

叶　挺　叶成焕　左　权　诺尔曼·白求恩　任常伦

关向应　刘老庄连　刘伯坚　刘志丹　刘胡兰　吉鸿昌

向警予　寻淮洲　戎冠秀　朱　瑞　江上青　江竹筠

许继慎　阮啸仙　何叔衡　佟麟阁　吴运铎　吴焕先

张太雷　张自忠　张学良　张思德　旷继勋　李　白

李　林　李大钊　李公朴　李兆麟　李硕勋　杨　殷

杨子荣　杨开慧　杨虎城　杨靖宇　杨闇公　萧楚女

苏兆征　邹韬奋　陈延年　陈树湘　陈嘉庚　陈潭秋

冼星海　周文雍、陈铁军夫妇　周逸群　明德英　林祥谦

罗亦农　罗忠毅　罗炳辉　郑律成　恽代英　段德昌

贺　英　赵一曼　赵世炎　赵尚志　赵博生　赵登禹

闻一多　埃德加·斯诺　夏明翰　格里戈里·库里申科

狼牙山五壮士　聂　耳　郭俊卿　钱壮飞　黄公略

彭　湃　彭雪枫　董存瑞　董振堂　谢子长　鲁　迅

蔡和森　戴安澜　瞿秋白

# 前 言

每个人的心中都多少有一点英雄情结，都向往英雄、景仰英雄。也正因此，在中华人民共和国建国六十周年之际，由中央十一部委联合组织开展的“100 位为新中国成立作出突出贡献的英雄模范人物和 100 位新中国成立以来感动中国人物”的评选活动中，群众参与投票总数近一亿。这其中的每一张选票，都表达了人们对英雄模范的崇敬之情，寄托着对伟大祖国的美好祝福。

一个民族不能没有英雄，否则这个民族就不会强大。当国家危难之时，懦弱者选择了逃避、妥协甚至投降，英雄们却挺身而出，用热血捍卫民族的尊严，人民的幸福。在创立和建设新中国的伟大历程中，涌现出无数可歌可泣的英雄模范人物。他们之中，有为了民族独立和人民解放而英勇牺牲的革命先烈，有为了党和人民的事业而不懈奋斗的优秀共产党员，有在全民族抗战中顽强奋战、为国捐躯的爱国将士，有英勇杀敌的战斗英雄和革命群众，有积极从事进步活动的著名民主爱国人士和国际友人……他们是民族的脊梁、祖国的骄傲，是激励全体人民团结奋斗的精神力量。

《100 位为新中国成立作出突出贡献的英雄模范人物传记》丛书，就像一部星光璀璨的英雄谱，真实、完整地记录了英雄模范人物不平凡的一生，再现了他们非凡的人格魅力和精神世界。“头颅可断腹可剖”的铁血将军杨靖宇，“毫不利已，专门利人”的白求恩，“抗战军人之魂”张自忠，“砍头不要紧”的夏明翰，“俯首甘为孺子牛”的文化斗士鲁迅……一串串闪光的名字，一个个动人的故事，犹如群星闪烁，光耀中华。

如今，战火已熄，硝烟已散，英雄已逝，我们沐浴在和平的幸福之中。在和平年代，人们不会忘记为今日的和平浴血奋战的英雄们，英雄的故事永远不会结束。让我们用英雄的故事唤醒我们心中的激情，为中华民族的伟大复兴而奋斗。

# 生平简介

赵尚志（1908–1942），男，汉族，辽宁省朝阳县人，中共党员。

赵尚志 1925 年夏加入中国共产党，是东北地区最早的共产党员之一。同年冬受党派遣南下广州进入黄埔军校第四期学习。蒋介石制造反苏反共的中山舰事件后，1926 年 5 月，赵尚志毅然退出黄埔军校，按照党的指示，回到哈尔滨参加建立党组织和从事反帝反军阀的革命活动。曾两次被捕入狱，始终坚贞不屈。1931 年九·一八事变后经党组织营救出狱，被任命为中共满洲省委常委、军委书记。1933 年 10 月领导创建北满珠河反日游击队，任队长。随着部队的发展壮大，1934 年 6 月任东北反日游击队哈东支队司令，与李兆麟等创建了珠河、汤原抗日游击根据地。1935 年 1 月任东北人民革命军第三军军长。1936 年 1 月任北满抗日联军总司令部总司令。同年 8 月任东北抗日联军第三军军长。后任中共北满临时省委执委会主席、东北抗日联军第二路军副总指挥。面对日伪军的疯狂“讨伐”、“清剿”，赵尚志率领抗联部队进行了英勇无比的艰苦战斗，远征松嫩平原，爬冰卧雪，餐风宿露，作战百余次，打破了敌人一次次重兵“讨伐”和“清剿”。1942 年 2 月 12 日，赵尚志在战斗中身负重伤被俘，他宁死不屈，壮烈牺牲。

◀赵尚志

# 目录 MULU

# 令人难以忘怀的民族英雄（代序）

赵尚志是东北抗联著名将领、抗日民族英雄、忠诚的共产主义战士。为了中华民族的独立、解放，他英勇无畏地与敌人奋战了一生，直至生命的最后一息。

赵尚志生在农村，长在城市，经受过大革命洪流的洗礼和实际斗争的锻炼。九·一八事变后，他投身戎马生涯，是中国共产党领导的东北抗日武装的主要指挥者之一，身任东北抗日联军第三军军长、北满抗联总司令。

赵尚志在党的关于武装抗日、建立抗日民族统一战线等方针政策指引下，在领导以游击战争为主要形式的群众性的抗日运动中，做了大量的实际工作，建立了卓著的功绩。他所指挥的东北抗日联军第三军不仅是抗日队伍中的一支劲旅，而且成为北满地区抗日武装的核心，在他的周围聚集着许多抗日义勇军、山林队。日本侵略者视赵尚志指挥的队伍为“最顽强”、“最活跃的匪团”，赵尚志是“匪势最为活跃的代表者”。

在东北抗日游击战争中，赵尚志是以骁勇善战著称的。他率领抗日部队英勇作战的英雄壮举，曾令敌人为之胆寒，令国人为之振奋，其丰功伟绩远播中外。1938 年 2 月，毛泽东在延安接见美国合众社记者王公达先生，回答他提出的问题时说：“中国共产党和东三省抗日义勇军确有密切关系，例如有名的义勇军领袖杨靖宇、赵尚志、李红光等等，他们都是共产党员，他们的坚决抗日、艰苦奋斗的战绩，是人所共知的。”

革命的道路是艰难而又曲折的。在长期的革命斗争中，赵尚志所走过的途程也是坎坷不平的。他一生中曾三次身陷囹圄，两次被错误地开除党籍。有人讲，赵尚志是一位传奇式的人物。这种说法并不过分。在他一生的经历中确实有许多传奇性的故事。其实，他曲折、复杂的经历本身就构成了一部传奇。

据一些熟知他的人讲，赵尚志相貌并不出众，身材矮小，朴实无华，是一个极平常极普通的人。他有胆有识、坚贞倔强、刚直坦诚、百折不挠，但也存有主观执拗、操切冒失等缺点。他为革命事业建立过功勋，但也在工作中犯有这样或那样的错误。他为战斗的胜利奏捷充满过喜悦，但也领略过失败和受挫的教训。

然而他在遭受挫折、身处逆境时，对党的事业仍忠贞不渝，为争取民族解放而奋斗到底的决心仍丝毫不减，对革命胜利的前途仍充满必胜信心。作为一名久经考验的战士，在斗争的关键时刻，他表现出了一个共产党员忠实于党、忠实于人民、忠实于祖国的高贵品质。

赵尚志离开我们已经七十年了。人们并没有因时间的流逝而忘记他。人们之所以对他如此倾注深厚的感情，是因为他无愧于他所处的那个时代，因为历史赋予他的使命及由他和无数抗日志士所建立的功绩，令人难以忘怀。

# 青少年时代

（1908—1931）

# ㊀ 劫后余生

☆☆☆☆☆

（0–8 岁）

1908 年 10 月 6 日赵尚志出生在辽宁省朝阳县（原属热河）喇嘛沟村一个农村知识分子家庭。他的祖父、父亲都是读书人。赵尚志出生时，家有房屋八间（正房五间，厢房三间），土地五垧，养有牛马，拴一辆车。全家十多口人。其生活是靠他父亲教书和兄长种地来维持的，农忙时间或雇一两名短工。家庭生活虽不十分富裕，但也并不异常困顿。

赵尚志的父亲赵振铎（又名宗义，字式如）为清末附生，是一个为人正直，受人尊敬的私塾先生。他笃信礼教，也讲求维新，是朝阳县南部群众抗捐领袖之一，当过朝阳县南部第三区清乡会会长。在朝阳第三区远近地方颇孚众望。赵尚志的母亲是赵振铎的续弦。她性情敦厚，勤劳俭朴，心地善良，从早到晚总是不辞劳苦地操持家务，堪称贤妻良母。

赵尚志兄弟姊妹共十一人，他排行第六，上有两位兄长，三位姐姐，下有一个弟弟，四个妹妹。赵尚志小时候与普通的农村孩子没有什么不同，偏僻的山村限制了他的眼界，他所接触的人和物都是有限的。他懂事、听话，但又顽皮。如果说他与别的孩子有什么差异的话，那只是他胆子稍大。上山、爬树、掏鸟蛋、打蛇什么都敢干。同小伙伴到谁家去玩儿，别人怕狗，他总是走在前头，专当打狗的。

赵尚志从小受父亲教育、影响很深。他 6 岁时就跟着父亲读私塾，念书识字，以后又上官学堂。赵尚志的父亲赵振铎对子女管束极严。他一方面教育子女学孔夫子的“非礼勿视，非礼勿听，非礼勿言，非礼勿动”，另一方面又教育子女须当仁不让，见义勇为。他藏有《三国演义》、《忠义水浒传》、《说唐》、《说岳全传》等历史小说，在赵尚志具有一定阅读能力，喜欢翻看这一类书籍时，他从不加以制止，而且还加以鼓励，高兴时还绘声绘色地讲里面的故事给赵尚志和其他孩子听。每当父亲讲“官逼民反”“仗义疏财”的水浒故事时，年幼的赵尚志总是细心听，认真记，对“路见不平，拔刀相助”、“除暴安良，劫富济贫”的英雄豪杰十分钦佩。母亲也经常告诉他什么该做，什么不该做，孰是孰非……父母亲的教诲使年幼的赵尚志初步懂得了遇事要分清是非，做人不能光为自己的道理。

1916 年，赵尚志家乡发生了一起重大事件。清乡会人员与县里来的警察发生冲突。原来警察巡官带 16 名警察到乡下以查禁大烟苗为名，借端收捐榨取钱财，并打死一名清乡会会员。于是激起民愤，数百名清乡会会员手持各式武器将警察包围，与之搏斗，结果打死15名警察。

事件发生后，县长孙廷弼派人转告赵尚志的父亲赵振铎："不要在乡下胡闹，把清乡会解散，请你进城，供你吃，供你喝，当官、教书任你选。"赵尚志的父亲当即严词拒绝道:"你们供我吃喝，能供全县老百姓吃喝吗？"此后清乡会与县署又对峙两三个月时间。

入秋后，约五百余名官兵突然攻进八道沟及附近村屯，开始血腥围剿清乡会。赵振铎组织清乡会员进行反击,但官兵来势凶猛，清乡会员毫无准备，又所持武器不佳，结果清乡会在官兵的残酷镇压下被打散。

清乡会失败后，当局捕杀清乡会会员，通缉首领。为逃避官兵搜捕，赵尚志的父亲与长兄赵尚纯先后逃到天津、哈尔滨。残暴的官兵并不因清乡会被打散而罢休，他们疯狂地在八道沟及附近各村屯大肆烧杀抢掠。据《朝阳县志》载，在这场灾难中"凡在清乡会之村庄饱受官兵之蹂躏，翻箱倒箧，损失不堪言状，会内被格杀者十余人，破家者尤众"。因赵尚志之父是清乡会会长，他家的八间房屋最先被官兵举火焚毁，财物被抢劫一空。幸好由于乡民保护，躲避及时，赵尚志等兄妹才在母亲带领下，死里逃生，免遭官兵屠戮。

以后，赵尚志与兄妹随母亲到远离喇嘛沟的一个亲属家，在一个经过修理的马棚里隐蔽度日。此时，赵尚志因家庭发生巨变而辍学，整天在担惊受怕的境地中过着艰苦难熬的日子。

民众的反抗，官兵的镇压，鲜血与烈火，逃难与追捕……这一发生在自己家乡、自己家中的事变，深深地触动着赵尚志幼小的心灵。尽管他还年少无知，谈不上对黑暗社会有什么系统、深刻的认识，但是，劫后余生，整天生活在惊恐不安的环境中，无家可归的凄惨情景，骨肉分离的苦楚酸辛，怎能不使少年赵尚志生起憎恨官府、仇视官兵之心呢?

## 走向社会

（11-15 岁）

和平安宁的生活被打破了，艰苦难熬的岁月使人感到度日如年。

1919 年 2 月，正是农历己未年新正。然而，生活极端困窘的赵尚志一家并未感到新春给人们带来了什么快乐。少年赵尚志平平淡淡地度过了在家乡的最后一个春节。他没有像别人家孩子那样从大人那里得到一套新装，也没有像往年那样得到父亲给的压岁钱。春节过后，他便与兄妹随着母亲为寻找父亲、长兄从朝阳风尘仆仆地来到哈尔滨。

哈尔滨是东北地区北部中心城市。在 20 世纪初，随着东清铁路（即中东铁路）的修建，沙俄和其他帝国主义列强一拥而入。当年的哈尔滨，外强逞威，国民罹难，这里是一个殖民地色彩十分浓郁的地方，有东方“小巴黎”之称。赵尚志初来哈尔滨眼界大开。他对城里的一切都感到特别新奇。对比之下，他才知道，自己的家乡喇嘛沟在这个世界上是太狭小了。

因为家庭生活条件所迫，赵尚志不能继续读书了。他父亲在哈尔滨市吕家大柜火磨（面粉厂）谋的记账营生和大哥为白俄家赶马车所赚下的有限收入，只能勉强地维持家里过着经济拮据的城市贫民的生活。

起初，他们一家住在南岗区河沟街一座简陋草房里。以后，当家境稍好的时候，又搬到道外区十六道街附近的集良街。赵尚志全家在哈尔滨刚安顿下来不久，这里又闹开瘟疫。真可谓“祸不单行”，在这场瘟疫中，赵尚志大嫂的生命被“瘟神”夺走。之后，他大哥去俄国驻哈领事馆当差，不久就去苏联了。全家人的生活陷入极端困难中，有时衣食竟难以为继。

在这种窘迫穷苦的情况下，为了生存，赵尚志虽小小年纪但不得不与二哥赵尚朴，一同挑起帮助父亲养家糊口的重担。

他走向了社会。

开始时，赵尚志给一个被他称作“大肚子”的白俄老板家当杂役。在那里，每天要起早贪黑地打扫卫生，劈柴扫院，看孩子，干做不完的杂活。脾气古怪的白俄老板惯于挑肥拣瘦，在他的蓝眼珠里，赵尚志所干的活计从来未顺眼过。白俄老板不时指手画脚操着生硬的中国话说这也不对，那也不是。有时，老板有什么不顺心的事，也要迁怒于他，动不动就朝赵尚志大发雷霆，吵骂一顿。在白俄老板家，老板娘让他睡在地板上，给他吃用麦麸子做的干粮。为了挣得微薄的工钱，减轻家中的生活负担，赵尚志只得忍气吞声地在白俄老板家干杂役。半年后，赵尚志实在难以忍受白俄老板的虐待，便含恨离去，告别了他迈入社会的第一道门槛。

接着，他又到哈市道外五道街一家金银首饰店（银匠铺）当学徒。说是学徒，可师傅根本不让他学金银手艺。他所干的都是与金银手艺毫不相干的银匠铺师傅家里的一些粗乱杂活。师傅做工时，根本不让别人瞅一眼。赵尚志时常因“偷艺”而遭到辱骂。经过一段时间，赵尚志对学习手艺渐渐感到失望了。一次，他对二哥赵尚朴说：“那里不是人待的地方。老板是人，我也是人，我为什么偏要受这份窝囊气？”他决意离开银匠铺另谋生路。

后来，他与二哥赵尚朴做起卖面粉，卖月饼、烧饼的生意来。因他哥俩搞的是小本经营，买他们面粉的又都是一些小市民，一次买不多少，加之他们都未学过生意经，又不谙赚钱之道，经常是给足了秤又给抓上一把，这样连送带丢，结果，在不到两个月的时间里，竟赔进去两袋面粉。赵尚志提着筐篮出去卖月饼、烧饼，走街串巷，赚回的那点儿，也只是将够本钱。他感到自己不是当生意人的料，这样，又结束了“买卖生涯”。

在艰难的生活道路上，连连不顺的遭遇，使少年赵尚志渐渐养成了好说、好动、倔强的性格。他爱打抱不平，见到不公之事就想管。一次，他去市内上号（今香坊）卖烧饼，赶上一群人在围观什么。原来是一个商店掌柜与一个卖柴人在吵架。那个商店掌柜要买这车柴禾，但给价太低，卖柴人执意不允。商店掌柜见其可欺，硬说卖柴人是要讹他。两人你一句我一句就争吵起来。周围的人袖手旁观，无人劝解，都在看热闹。赵尚志走进人群听明事由后，便冲着商店掌柜说：“买卖不在人情在，何必争争吵吵。你给价太低，人家不卖，怎么倒说是讹你？”他让掌柜再出些钱，卖柴禾的再落点儿价。结果，使这桩买卖终于成交，一场小小风波也就平息了。这时，周围看热闹的人都向他投去钦佩的目光，夸他年纪虽小，却能讲出一番道理来，都说这小伙子还真不简单。

1923 年，父亲托人担保把 15 岁的赵尚志介绍到华俄道胜银行哈尔滨分行道里支行当“信差”。赵尚志在道胜银行道里支行工作一年多，他经常来往于道里与南岗火车站前华俄道胜银行哈尔滨分行大楼之间，从事着领取公文、书信，递送传票的工作。这期间，他并没有因自己有了这一职业而感到惬意、满足。相反，由于工作的性质使他能更多地接触社会各个阶层，他从白俄奢侈豪华的生活与中国百姓牛马不如的生活的强烈对比中，更深刻地感受到了社会上的黑暗和不公。特别是当想到自己“信差”的卑微身份常常遭人冷落、白眼，宛如是下几等的贱民时，他领略了作为一个弱国国民的悲哀和苦痛。他内心对黑暗社会充满了强烈的怨恨和不满，他要寻求自身的解放。

也许是赵尚志从事的工作经常与书信、文字打交道的缘故，求知欲望在不断地增长。他迫切感到学习的重要。工余，他四处收罗图书，向银行图书馆借，向工友们借。有时间他就看书。

经过社会几道门槛的赵尚志认识到知识的重要，他决心要投考一所学校，上学、读书、求知、寻理。

## 许公中学

（17岁）

一天，赵尚志从报纸上看到许公中学的招生广告，他喜出望外，他以欣喜的心情将自己要参加许公学校补习班考试的想法告诉了家人，他的要求得到了思想开明的父母亲的同意。

赵尚志集中一段时间，认真地补习了算术、国文等课程，很快提高了自己的知识水平。勤奋、刻苦、坚韧的性格使其获得投考的“同等学力”。经过考试，他终于取得成功，实现了自己的愿望。

1925年2月，赵尚志进入了许公学校补习班。同年8月，他又经考试合格，升入中学一班，成为这所培养铁路技术人才学校的第一期学生。

入学后的赵尚志非常珍惜自己努力争得的受教育的机会。虽然他抛弃了有收入的职业，使自己重新成为一个“完全消费者”，增加了家庭的负担，但是这并未影响他的求学、进取之心；相反，他以“食无求饱，居无求安”的精神面对着清苦的生活，而勤勉地用心学习。在许公中学，他是一名穷学生，也是一名好学生。在学校里他除学习课堂功课外，十分热心阅读进步书刊。赵尚志社会阅历多，知识面广，能说善讲，同学给他起了个外号“赵圣人”。

1925 年 5 月，反帝反封建的五卅运动在上海爆发。

在哈尔滨市，和其他城市一样，也掀起了响应、声援上海反帝爱国斗争的浪潮。在这一斗争中，中共哈尔滨特别支部发挥了重要的组织领导作用。当五卅惨案的消息传到哈尔滨后，市青年会、各法团、商界、学生、市民纷纷集会抗议、声援。同时，成立了哈尔滨市救国后援会。向全国发出通电，向上海学生发出慰问电。随之，救国后援会向社会各界广泛开展募集捐款，援助上海工人、学生活动。6 月 12 日。哈尔滨工大、六中、普育、三育、东华、

▷ 许公中学旧址

广益、许公等学校在普育学校召开代表会议。赵尚志作为许公中学代表莅会。这次会议决定响应救国后援会募捐号召，在学生中开展募捐活动，以实力援助上海。

1925 年 6 月 17 日，赵尚志和一些同学径自走出校门，同工大学生一起到街上进行示威游行。他们在街头散发传单，进行讲演，揭露五卅血案事实真相，声讨日、英帝国主义枪杀中国同胞的罪行。疾呼“打倒非人道的帝国主义、军国主义！”“废除一切不平等条约，收回治外法权！”“各界同胞联合起来，采取一致行动，不达目的誓不甘休！”接着哈尔滨中东铁路工人、老巴夺烟草公司的工人、广大市民也都纷纷行动起来，组织募捐团，积极支援上海人民的反帝爱国斗争。

在五卅运动中，赵尚志受到了革命斗争的锻炼和考验。他在中共哈尔滨特支的帮助下，思想觉悟有很大提高。他看到了中国共产党敢于领导人民大众反对帝国主义、封建军阀势力，是民族解放的希望所在。他坚信一个没有剥削、没有压迫，自由、平等的新社会定将在中国实现。他确认共产主义是自己的理想。在声援上海五卅斗争期间，赵尚志向党组织提出加入中国共产党的请求。同年夏，赵尚志由中共哈尔滨特支负责青年工作的彭守朴介绍，经过组织考察后，被批准加入了中国共产党。

赵尚志加入中国共产党后，更加积极地从事政治活动。他精力充沛、废寝忘食，在市内各学校间作宣传、鼓动工作，引导学生奋起救国，从事改造社会的斗争。

在许公中学，赵尚志组织了学生会。学生会在组织学生进行共同斗争方面，起到不小的作用。赵尚志曾在一次学校召开的“朝会”（每周开一次）上，登台向全校师生进行讲演，讲述学生会的宗旨和组织章程，号召学生积极参加反帝爱国运动。许公中学成立学生会，把学生组织起来的做法，为其他学校所效仿。此后，哈埠各学校也相继成立了类似的组织，如“学生会”、“同学会”、“自治会”等。

在声援上海五卅斗争中，哈尔滨的反帝爱国运动的声浪日渐高涨。东省特别区、哈埠行政当局深恐运动发展下去会演化盛大规模的“过激”行动。于是，借口“天气炎热、发现有沙疹流行”，决定各学校于6月22日提前放暑假,要求各校未完课程，于开学后再行补授。但是在暑假过后，学生斗争仍继续发展。当局为了抑制学运，东省特别区行政长官于冲汉于9月6日发出“咨文”:“现在苏联对于东路沿线积极宣传赤化，处处拟从教育入手，迩来各种举动益形昭著，若不严为防范，何足以保治安?”咨文要求“凡属特区学校同隶统治之下，自应一律派员视察，以杜宣传而遏乱萌”。

在这场“防过激”、“防赤化宣传”的行动中，赵尚志成为许公中学一名重点“整饬”对象。许公中学熊校长为上司明令所迫，以“旷课太多，请假未准，擅自出校”为由将赵尚志及另一名同学张道庸开除出校。

赵尚志被学校开除，他自己并不感到意外。他知道，校长熊智百是一个极力反对从事政治活动，主张“读书救国”、“工业救国”的人。宣布开除那一天，赵尚志极力压制满腔愤怒，藐然不屑地瞥了校长一眼，从容走出校门。他那神色安然、态度潇洒、若无其事的样子，使校长气急败坏。熊校长大叫道：“你这么傲慢，我会叫警察来的。”然而，在同学中，他却迎来钦佩的目光。

就这样，赵尚志结束了在许公中学的学习生活。

## 投考黄埔

（17–18 岁）

赵尚志告别了许公中学，在人生道路上又步入了一个新的征程。

1925 年 11 月 1 日，中共中央发出 62 号通告，要求各地党组织积极选送有志青年投考黄埔军校。

赵尚志被许公中学开除后，曾阅读过黄埔军校校刊《黄埔潮》，了解到该军校是座革命的熔炉，是大革命的策源地。他十分渴望能到这所学校去学习军事。当他得知黄埔军校招生的消息后，便向组织提出投考的请求。中共哈尔滨特支经过认真考虑，同意他去投考。因为赵尚志工作积极，勇敢踏实，朝气蓬勃，经过培养一定会成为一个有为的青年。另外，他已被学校开除，正停学待业，党的工作也能脱离得开，其文化程度也是符合中央 62 号通告提出的要求的。

当赵尚志得知党组织同意他前去投考黄埔军校时，内心异常高兴，欢欣之喜色溢于眉宇之间。为革命去学军事的愿望即将实现，是他始料未及的。他马上把要到南方去投考黄埔军校的消息，告诉了二哥赵尚朴。虽说“父母在不远游”，但“游必有方”，他得到了哥哥的支持。而后，赵尚志告别家人，携带着组织给写好的介绍信和为他筹集的路费，与同学张道庸登上了南下的列车，奔赴广州。

12 月间，北国正是寒风刺骨、滴水成冰的季节，但在南国却是另一番景象。这里艳阳当空，到处是一片翠绿，景色十分宜人。刚踏上南国大地的赵尚志和张道庸，却无心观赏美丽的广州风光，他们径直来到了距广州市区三四十里的黄埔军校所在地——长洲岛。

出乎意料的是，军校招生考试已完，补考工作业已于11月8日结束。他们来晚了。满腔的热忱陡然被浇上了一瓢凉水，希望变成了失望。

“想办法也得进这所学校，怎么也不能白来!”

他们决定天天到军校去“磨”，不答应招收就不走。真是“心诚则灵”，他们终于得到同情，被允许单独补考。

按照黄埔军校的规定，凡是考生都要经过三种“试验”：一是“学历试验”，用笔试看其文化程度；二是“性格试验”，通过口试观察考生对三民主义了解的程度及志趣、品格、表达能力等；三是“体格试验”，按陆军体格检查的规定，检查身体，看符不符合要求。赵尚志和张道庸进行补考也毫无例外地要进行这三项严格的“试验”。

“试验”中，张道庸进行得十分顺利，三项“试验”都合格。赵尚志“学历试验”、“性格试验”也都顺利地通过了，但“体格试验”不合格。他体质一般，身材矮小，体重、身长均未达到要求。

“我是东北人，来干革命的。你们不要我，难道打军阀、反帝国主义，还嫌人多吗?”赵尚志对体检教官说。

“不是嫌人多，是你体格太差。”

“体格差，那是先天带来的，我没办法。但我能经得起考验，我当学生不行，替你们摇铃、打钟、当听差总还可以吧?”赵尚志在积极争取。但是，那位原则性很强的体检教官还是不答应。

“那你让我到那里去?我千里迢迢跑来，难道让我在广州街

▷ 黄埔军校

头流浪吗？反正我不走。”他执拗地说。

这时，军校政治部一位教官恰巧走来，看到了这一切，感到这个东北籍的小伙子真有一股刚强劲儿，投考的态度真诚坚决，便替赵尚志说情“让他留下吧”。就这样，他又通过了“体格试验”。赵尚志终于被军校录取了。他和张道庸被录取为第四期入伍生。

赵尚志进入黄埔军校的时候，在中国南方，轰轰烈烈的反帝反封建的大革命正在迅猛地开展着。革命形势迫切需要军校造就、培养出大批的有坚定革命意志、掌握革命理论和丰富军事知识的人才，因此，学校所教授的科目十分多。虽然入伍生是为正式升学、升入学生队（本科）作准备的，但所授的科目也不少。

开始时，赵尚志因入学晚，落下一些课程，学习很吃力，有些课程跟不上。特别是他体质较差，术科训练，如骑马总是落在别人的后面。但他刻苦用功，从不甘落人后，他把许多休息时间都用在学习和训练上。功夫不负苦心人，很快，他的成绩上来了。他的进步赢得了教官和同学们的称赞。

赵尚志在黄埔军校通过紧张的训练和学习，进一步接受了革命教育，认识了科学的真理，了解了“联俄、联共、扶助农工”三大政策的新三民主义。同时，在学习中，他也真切地认识和掌握了理论与实际打成一片，方可免掉空想和盲动；若取得国民革命成功务须唤起民众；革命军唯一的特色就是有党纪相范、军纪相随，对于纪律能自觉遵守和服从；一个革命者必须有确定的革命人生观等等富有寓意深刻、论列新鲜的革命原理。

赵尚志在军校是一名活跃分子，每次参加讲演都有独到见解，特别是与孙文主义学会分子辩论问题，他侃侃而谈，头头是道，常常得到同学们的喝彩。在黄埔军校里，赵尚志受到严格的军事训练，学习了较为系统的军事理论知识，初步掌握了军事术科训练和指挥作战的要领。

1926 年初夏，根据东北革命斗争的需要，在国民党反动派在军校内展开大规模清党运动前夕，赵尚志被党组织派遣回东北。

赵尚志仅在黄埔军校学习近半年时间，未毕业。短暂的军校生活是火热的，这段学习生活对赵尚志来说非同寻常，使赵尚志在以后投身戎马生涯，对于他在长期的革命斗争中，特别是在东北抗日游击战争中，指挥抗日部队与日本侵略者进行不屈不挠的斗争起到了重要作用。

# 狱中斗争

（18–23 岁）

1926 年夏，赵尚志从广州回到哈尔滨，在中共北满地委工作。

同年初冬，地委派赵尚志去长春，协助长春特支书记韩守本进行工作。他愉快地接受了党组织交给他的新的工作任务。

1927 年 2 月，地委为了利用国共合作，通过开展国民党工作进一步推动这一地区的革命斗争，决定由韩守本、赵尚志在长春参加筹建国民党吉林省党部。2 月底，吉林省国民党党部正式成立，负责人为董海平（国民党人）。韩守本任宣传部长兼秘书，赵尚志任青年部长兼庶务。

吉林省国民党党部成立伊始，正是蒋介石发动四·一二反革命政变前夕。国民党内部已经分化，一部分右派分子公然背叛孙中山先生的遗训，极力诋毁“联俄、联共、扶助农工”

的三大政策。一时，这股破坏国共合作的逆流，由南而北涌来，自然也波及到吉林长春。在吉林省国民党党部里的一些国民党人也在处处限制共产党人的活动。

吉林省国民党党部成立后，有一枚由广东发给的党部印章，被国民党人把持着，不许韩守本、赵尚志等共产党人使用。为了开展工作，活动方便，赵尚志与韩守本在长春“满铁”附属地头道沟找到一家刻字店，另刻一枚党部印章。不料，此事被宪兵第二营长春分遣所侦知。

1927 年 3 月 2 日下午 3 时，一群警察突然闯进韩守本、赵尚志住地——三条通 42 号楼上，将他们二人逮捕，并在其住室搜出“中国国民党吉林省党部之印”一枚，党书十数本，印刷品、报告书等多种。3 月 4 日，经过长春宪兵分所审讯，韩守本、赵尚志二人被解往吉林，关押在第一监狱中。

韩守本、赵尚志的案子归吉林督军公署军法处办理。他们来到监狱不久，就连续数次被押解到军法处，接受审讯。

在军法处审讯官看来，韩守本、赵尚志是“赤化分子”、“共党要犯”无疑。他们的脚上戴着沉重的镣铐，监号门上挂着“赤化分子”的牌子。为使韩守本、赵尚志承认是“共党”，竟使用“陪决”（被拉出假枪毙）的办法恫吓他们，但他们没有被吓倒。由于他俩坚决不承认自己的真实政治身份，警方又拿不出他们是共产党员的确凿证据，所以未能及时宣判，案子也就长时间地悬搁起来。

1929 年 3 月，国民政府军发来电令，要求把韩守本、赵尚志押解南京，交由国府核办。

韩守本、赵尚志被押解到南京后，南京国民政府司法行政部责令江苏省高等法院审理此案。在苏州，经过审理，江苏省高等法院以为韩守本、赵尚志即使系共产党员，但他俩在军阀统治地方做地下工作，且他们身任国民党吉林省党部委员，因此裁定不予起诉。1929 年 5 月 20 日江苏省高等法院作出韩、赵二人“确系服膺三民主义之忠实信徒”的结论，决定予以不起诉处分，于本日将手续办完即行开释。

两年零三个月的铁窗生活终于结束了。狱中的斗争使赵尚志的革命意志更加坚定，也使他增长了在特殊环境下从事革命活动的才干。

赵尚志出狱后，根据组织安排在共青团满洲省委工作。但不久，在“外交协会事件”中，他又遭逮捕，被关进狱中。

1930 年 4 月中旬，奉天国民外交协会要举办第十二次外交常识讲演大会。满洲省委得知这一消息后，决定组织反帝大同盟去破坏这次讲演会，并指定由赵尚志伺机夺取讲坛，进行反帝爱国宣传。

4 月 12 日晚 5 时，外交协会举办的讲演会在奉天商会会场召开。会场挤满了听讲演的人。赵尚志坐在第一排长凳中间。会议开始后，当讲演人即要开讲时，赵尚志便按省委事先决定的行动计划突然站在凳子上面，慷慨激昂地面向听众以反对英国士兵最近在上海杀死学生的事件为中心内容进行反帝爱国宣传。会议主席制止赵尚志的讲演，但遭到他的反驳。这时，反帝大同盟党团书记杜兰廷、团员陈尚哲带领呼喊“打倒帝国主义！”“打倒外交协会！”等口号，散坐在各处的党团员、反帝大同盟会员也大声呼喊、鼓掌与之呼应，并散发了许多“打倒外交协会”等内容的传单。此时，会场秩序大乱。会议主席一面安抚大家，一面暗地叫人向宪兵队报告。结果，在会议主席宣布散会，人们往外拥挤时，赵尚志、杜兰廷、陈尚哲三人被宪兵侦缉队便衣逮捕。

此即“外交协会事件”。

因赵尚志在外交协会讲演会上公开夺取讲坛，敌人十分重视对他的审讯，想在他嘴里得到更多的东西。

在第四次审讯中，侦缉处长雷恒成亲自出马。他在审讯桌前正襟危坐，刚摆出威严的架势，还没等开口，赵尚志便轻蔑地问道：“你是什么人？”“我是宪兵队侦缉处长！”雷恒成大言不惭地说。

“你是什么东西——军阀走狗，孙中山的朋友李大钊不是你杀害的吗？你没有资格审问我！”赵尚志反唇相讥道。

侦缉队长雷恒成听到这句斥骂之后，恼羞成怒，暴跳如雷。凶残的敌人不由分说地把赵尚志按倒在地，就是一顿毒打。他毫不畏惧，忍痛冲着侦缉处长仍是不停的痛骂。敌人强迫他跪搓板。

最后给他压杠子，他几次昏死过去，又几次被用凉水浇过来。赵尚志受尽折磨，但不管敌人使用什么残暴的手段摧残他，他从未表现出丝毫的怯懦。

在狱中，杜兰廷和陈尚哲经不住考验，供出了党的机密，成了叛徒。由于叛徒的出卖，中共满洲省委被破坏，致使党团省委及进步群众数十人被捕。

数月后，宪兵司令部对此案进行复审。复审中，宪兵队长陈兴亚说："供词上面不都有你们的指纹吗？怎么还想抵赖？"

赵尚志当场指着侦缉处长雷恒成说道："那个供词是侦缉处用严刑逼出来的，指纹是别人扯手强迫印上去的，你不最清楚吗？这样的供词符合法律要求吗？"

赵尚志的质问使敌人面面相觑，无言可对。陈兴亚气急败坏地说："反帝大同盟就是反帝党，反帝党就是共产党。"接着敌人又利用叛徒的供词威逼同志们承认是共产党员，但大家坚决不承认。敌人拿出最后一招，把叛徒拉出来作证。赵尚志等看见丧失革命气节的无耻叛徒更是怒不可遏，痛骂杜兰廷毫无人性。其他人都一致说不认识他，他污蔑好人。叛徒杜兰廷在革命同志的凛然正气面前被吓得魂不守舍，无地自容。

结果，在“复审”中，同志们把在侦缉处的供词推翻了，取得了斗争的初步胜利。

同年5月下旬至6月5日，沈阳宪兵司令部、东北边防司令长官公署军法处及高等法院对这一案件进行了所谓“三机关联审”。在联审过程中陆续放了一些人。最后剩下所谓要犯二十余人。不久，最高当局长官“饬令”宪兵司令部将该案转交边署军法处承办。

在军法处，赵尚志被视为“要犯”之一，曾多次被提审、遭毒打，但他忍受折磨，咬紧牙关，以宁死不屈的精神坚信挺过去就是胜利。他每次受刑回来，都唱着《国际歌》：“起来，饥寒交迫的奴隶……”用坚定而深沉的歌声激励自己，也鼓舞同案难友。

军法处对赵尚志等“反帝同盟党犯”施尽淫威，然而酷刑对这群人没起到任何作用，他们无人向敌人屈膝低头。之后，当局把这起案子搁置起来，对“案犯”既不释放，也不判决。赵尚志等二十余人一直被继续关押在第一监狱里。

1931年9月18日，日本帝国主义制造“柳条湖事件”，炮轰北大营，占领沈阳城，开始大规模武装侵略东北。

日本的强盗行径在监狱中引起了强烈反响。狱中党团干事会决定等待有利时机，组织同志出狱。此后，党组织通过利用各种社会关系，积极组织营救。赵尚志等二十余名同志于1931年12月几近年终岁尾之时先后得以获释。

赵尚志在沈阳第一监狱的铁窗生活结束了，他终于摆脱了黑暗的牢笼。

# 矢志抗日

（1931—1934）

# 颠覆军车

☆☆☆☆☆

（23–24 岁）

赵尚志被释放步出牢门的时候，他所见到的竟是一个暗淡无光、血雨腥风的天日。由于日本帝国主义把武装侵略的魔爪伸向中国，东北大地已江山易属，人事皆非了。

1931 年 9 月 18 日，震惊世界的九·一八事变爆发。日本帝国主义以武力侵略中国，蒋介石国民党政府却奉行丧权辱国的不抵抗政策。日本关东军占沈阳，夺吉林，陷齐市，肆无忌惮地攻城略地，恣意践踏东北大好河山。1932 年 2 月 5 日，日酋多门二郎率第二师团又攻陷北满重镇——哈尔滨。仅数月之间，东三省绝大部分领土沦陷敌手。日本帝国主义为了推行“大陆政策”，征服中国，称霸世界，用铁与血在东北建立起法西斯殖民统治。致使东三省被一片乌云所笼罩，三千万同胞陷入了水深火热的深渊中。

△ 赵尚志在成高子颠覆日军军车遗址(丁家桥)

由于日本帝国主义的侵略，本来已经贫困不堪的工农劳苦大众更加困苦。失业、流离、灾荒、饥饿已经达到无以复加的程度。蒋介石国民党政府的不抵抗政策更使中华民族蒙受奇耻大辱。火光、硝烟、血泊、瓦砾，日帝铁蹄所到之处留下了惨绝人寰的暴行。这一切使赵尚志认识到拯救民族危亡的重任已经落在了中国共产党人的肩上。

赵尚志在省委的直接领导下，以一个共产党员应有的姿态，矢志抗日，积极地投身到抗日斗争的战场。

为了动员更多的群众参加到反日斗争中来，赵尚志同省委其他同志一道废寝忘食地奔走于各工厂、学校做宣传鼓动和组织发动工作，动员工人、学生积极开展各种形式的反日斗争。一次，他与职工部长金伯阳在道外区六道街一个楼院里召集有教员、工人、学生、小商人共三十余人参加的会议。赵尚志在会上慷慨激昂地说："广大劳苦群众所受到的一切痛苦，都是日本帝国主义及其走狗统治满洲的结果。在日俄战争之后，日本取代俄国，东北成了它的势力范围。日本帝国主义不但把握、控制着东北的经济命脉，吸尽了东三省民众的脂膏，造成人民极端的贫困，而且东三省的一切混乱不安，都是日本帝国主义直接插手造成的。日本帝国主义在飞机、大炮的掩护下，为加强对东三省民众的统治，成立所谓'独立政府'，鼓吹什么和平、安乐、振兴实业、整顿金融、救济失业、减轻捐税等等，只不过是强盗们的骗人鬼话。"最后他号召说："我们中国人只要团结起来，行动起来，就能驱逐日本侵略者。"

在这次会议上，与会人员都参加了"反帝大同盟"。

1932 年 4 月，日本侵略者大举向哈尔滨以东、以北地区进犯。反日义勇军与日本侵略者在北满展开激烈战斗。松花江以南的宾县、方正、珠河、延寿、依兰等地，有李杜、冯占海、邢占青所率义勇军极其活跃，其活动范围直逼哈尔滨市郊，"哈市在炮声震撼之下，风声鹤唳，市面一日数惊"。为了痛击日本侵略者，呼应抗日义勇军的斗争，振奋民众的抗日斗志，赵尚志根据党组织的指示，与哈尔滨商船学校学生、中共党员范廷桂一起，于 4 月 12 日在哈尔滨市郊区成高子附近火车线路上成功地颠覆了一列日军军车。

当时，地下党组织获得一个情报，4月12日夜将有一列客货混编的日军军车通过哈尔滨市郊成高子车站。赵尚志为确保完成组织交给的颠覆此列敌人军车的任务，事先便与范廷桂到成高子车站附近进行侦察。他们确定在车站500米开外的一个涵洞附近作为颠覆地点。当晚，他们把路轨枕木上的道钉起下，拆掉路轨接头螺栓。之后，跑到距铁道很远的树林里观察动静。夜里10时50分，日军军车开来，只听突然一声巨响，列车脱轨颠覆，从四五米高的路基上翻下。货车里装载的军火在碰撞中发生爆炸，一时火光冲天。客车里的日军官兵死伤严重。

4月14日《盛京时报》以《日军由方正向哈凯旋中,列车颠覆死伤者多》为题作过如下简要报道：

哈尔滨专电：多门中将麾下日军兵车，由方正凯旋哈尔滨途中，12日午后10时50分钟，驶至离哈东方17公里之地点，被人设计颠覆，致有死者11人，受伤者93人。

原来这股日军是前往方正等地“讨伐”义勇军冯占海部的第二师团之一部。4月11日，这股日军从方正步行到珠河，在乌吉密站登上军车，要回返哈尔滨。满以为是“凯旋而归”的日本鬼子兵，不料还没有进入哈尔滨车站，所乘列车就被颠覆而命丧黄泉，魂归西天。这起发生在日伪于北满统治心脏地区的军车颠覆案，使日本侵略者异常震惊与恐慌。敌人万万想不到在戒备森严的哈市市区附近竟能发生这样的事情。以后，日本人在成高子竖起一块“亡魂碑”，以“超度”丧命于侵略战争的这群恶魔的亡魂。

日军军车在哈市郊区被颠覆，死伤多人，这个消息一传出，市民无不暗自拍手称快，争相传告。

1932 年 5 月，中共满洲省委决定赵尚志任军委书记，为省委常委，专门从事组织领导反日武装斗争的工作。赵尚志善于宣传鼓动，在哈尔滨工人、学生较为集中的地方，如电车厂、卷烟厂、工业大学、医专、法专等地都留下了他的足迹。他能针对不同对象讲述深浅适宜的道理，所以许多工人、学生都愿意听他的讲演。他说：“不要被日本帝国主义所制造的白色恐怖吓倒，要克服恐日症。只要工农兵失业者、小商人、学生、城市贫民，所有被压迫民众一致联合起来，还怕帝国主义打不倒吗？还怕不能赶日本侵略者滚出满洲吗？还怕傀儡政权‘独立政府’推不翻吗？”他还积极动员和组织党团员、爱国青年、学生到义勇军中去，与敌人进行战斗。东北各地的义勇军勇敢阻击日军进犯，沉重打击日军的嚣张气焰，鼓舞了广大民众的抗日斗志。

# 攻占巴彦

（24-25 岁）

1932 年 5 月下旬，中共满洲省委派遣赵尚志到哈北地区巡视。5 月末，他来到巴彦县境，找到张甲洲率领的反日武装——东北工农反日义勇军即巴彦游击队。

巴彦游击队的创建人是清华大学学生、中共党员张甲洲。1932 年 5 月，张甲洲同中共河北省委、北平市委派遣的几名在北平读书的东北籍大学生在中共满洲省委的支持下，在张甲洲的家乡巴彦组成一支反日队伍。

中共满洲省委为了加强对这支反日武装的领导，决定派赵尚志到这支队伍中工作。

1932 年 6 月初，赵尚志来到巴彦游击队，化名李育才，人称“小李先生”，任参谋长（后任政治部主任）。当时该部武装人员已有二百余人。编为三个大队，整个部队土匪有七八股。赵尚志了解了这支队伍的实情后，感到部队虽有很多土匪，但惯匪成分少。队员多是来自田间的破产农民，因此，只要制定很好的策略方法，开展农民工作，打击流氓惯匪及反动头子，就有转变成义勇军的可能。赵尚志建议在队内抽调进步青年建立模范队，以作全军榜样典范。很快模范队建立起来了，他们纪律严格，训练紧张，不说黑话，不吸食鸦片，处处发挥先锋模范作用，成为全军的中间骨干力量。

随着反日斗争的开展，游击队迅速发展壮大起来，到7月份已增加到600人，且全部变为马队。模范队也由原来的20人增至100人。为打击日本侵略者扶植起来的伪县政权，振奋民众反日斗志，指挥部决定联合其他反日武装共同攻占巴彦县城。

1932年8月，处于日伪统治下的巴彦县城萧条冷落，加之松花江水泛滥，广大灾民被抛弃于街头巷尾。饥饿、瘟疫、暴涨的物价，弄得市民们人心惶惶。当时，巴彦城内驻有伪军步兵营、警备队各二百余人，商团兵五十余人。8月下旬，指挥部派人与马占山部属才鸿猷团（简称“才团”）和山林部队“绿林好”首领苏某取得联络，决议三方联合，在8月30日，以鸡叫头遍为号，共同攻打巴彦县城。

8月30日晨，东方的天色尚未发白，晨星仍在闪烁。就在雄鸡刚叫头遍，人们还在酣睡的时候，巴彦游击队、“才团”、“绿林好”三支联合部队按预定计划同时向巴彦县城发起进攻。经激战，巴彦县城终于被反日部队攻破。伪军步兵营营长被击毙，伪县长程绍濂狼狈逃出城外。联合部队进入巴彦县城后，各自下令遵守纪律，不许骚扰、抢掠城内居民。游击队派出战士在街上书写抗日标语，散发传单，揭露蒋介石国民党政府不抵抗政策，号召群众起来参加反日斗争。当时城内秩序井然，商号照常营业，群众反日情绪高昂。

巴彦游击队联合其他反日武装攻占巴彦县城，是九·一八事变后，以中国共产党领导的反日部队为主要力量的一次攻占县城的重要战斗。这次战斗为党领导的反日部队在与其他反日武装相互联合、共同作战方面进行了初步尝试，取得了一些经验。

数日后，巴彦游击队在张甲洲、赵尚志率领下，撤离巴彦县城，来到姜家窑、七马架一带进行整训。整训后的工农反日义勇军精神为之一振，士气高昂。其他反日义勇军、山林队看到这支鞍马齐全、武器精良、精神抖擞的队伍都十分羡慕。

中秋节前后，巴彦游击队活动在洼兴西部一带。张甲洲、赵尚志率部曾远道奔袭呼海铁路康金井车站。此后，工农反日义勇军又赴西集厂一带活动，部队人数发展到七百余人。

巴彦游击队在斗争中已成为党领导的活跃在哈北地区的抗击日本侵略者的一支重要队伍。但巴彦游击队的发展过程中，其途程并不是一帆风顺的。

10月末，工农反日义勇军为开辟新的反日斗争区域，筹集越冬物品，作开展冬季斗争准备，联合“绿林好”所部踏着第一场青雪，攻占了东兴设治局。不料，第三天中午，敌人组织红枪会疯狂反扑。为击退敌人进攻，赵尚志在十字街口设立了临时工事，组织战士进行反击。激战中，敌人异常嚣张，每次敌人被打退后，紧接着便又反扑过来。赵尚志在紧张指挥战斗时，左眼受重伤。

部队撤离东兴后，经邵家店返回巴彦县境。赵尚志与另外三名伤员被安排在姜家窑养伤，以后赵尚志又去哈尔滨治疗眼伤。经过治疗，其眼伤渐愈，但左眼内部组织损坏，视力丧失，眼下颧部留下了三个新月形伤痕。

在赵尚志养伤期间，巴彦游击队离开巴彦县境，西进呼兰，经兰西、青冈行进至安达县境活动。此时，游击队正在贯彻、执行“北方会议”“左”的政策，部队改名为“红军三十六军江北独立师”，在攻打日本侵略者的同时，实行打土豪、分田地，执行土地革命政策。在此政策下，部队不分青红皂白地打击地主，没收地主财产，组织农民抗租、抗债，分地主家的粮食、财物。结果，游击队遭到地主大户的反对，游击队常常遭受攻击，致使四面受敌。

赵尚志伤愈之后又回到工农反日义勇军部队。他面对队伍内部产生的种种矛盾和部队所处的艰难境地，感到省委指示（实际是“北方会议”精神）不符合斗争的实际情况。他为反日义勇军所面临的危机而忧心忡忡。在一次讨论省委指示的会议上，赵尚志表示，省委作出的决议是有错误的，省委还没有真正了解这里的情形。

△ 巴彦抗日游击队指挥部领导同志在攻占巴彦县城胜利后的合影。前排左四为赵尚志。

他反对不分青红皂白地进攻地主大户，认为这是“断送革命”。

入冬，部队经绥棱、庆城（今庆安），进入铁力县境，在长途行军中，一些队员相继掉队。当在铁力筹集给养时，反日义勇军一部违犯少数民族政策，误缴两名鄂伦春猎人两支步枪，结果遭到鄂伦春族联合武装的攻袭。部队损失很大，全队只剩五六十人。

1933 年初，巴彦县已建起各级伪政权，日伪军警遍布城乡。游击队人马所剩无几，处于弹尽粮绝的境地。为使所剩部队免遭敌军围歼，张甲洲、赵尚志等指挥部人员决定解散队伍，春节后听令再集。结果这支队伍以失败而告终。

巴彦游击队失败后，省委认为赵尚志右倾，执行“地主富农路线”，不讲少数民族政策，到处乱打，是单纯军事观点，致使部队陷入孤立，遭到毁灭性打击。赵尚志是使部队遭到失败的主要责任者。省委要他承认错误，责令他进行检查。赵尚志认为省委说他犯有右倾机会主义错误，扣上“地主富农路线”政治帽子，把游击队失败的全部责任都让他承担，他接受不了。他说，游击队失败是贯彻“左”的路线的结果。鄂伦春猎人的那两支枪是下边战士去缴的，不是他领着去缴的。赵尚志拒绝作检查。

结果，“小李先生”——赵尚志被省委开除了党籍。

## 在朝阳队

（25 岁）

赵尚志离开组织之后，心情一度很沉闷。

他曾说："披靡无术，被屏于千里之外。"但他向战友郑重地说："我走了，我还是要革命的。"他还说过"不把日寇驱逐出去誓不成家"。

1933年3月，赵尚志得知义勇军孙朝阳率部在宾县一带活动，便只身前往，欲以同乡关系去寻找孙部。经过努力赵尚志终于打入"朝阳队"。他试图把这支队伍改造成真正的反日队伍。

开始时，赵尚志在该队当马夫。一次，在孙朝阳所率部队三面受敌攻击，处境十分危险的时候，赵尚志提出以攻为守，破城解围的策略并被孙朝阳采纳。根据赵尚志所献退敌之策，孙部攻入宾县县城。此后，他得到孙朝阳的信任与赏识，并被委任为该队参谋长。

关于赵尚志打入"朝阳队"及受到孙朝阳赏识，曾有这样一段故事：

赵尚志去找孙朝阳部队时，身无分文没有一条枪。他赤手空拳跑到宾县东部山里。一天，赵尚志找到孙朝阳所属一支部队后，对这支队伍的头头恳切地说："你们的队伍是反日的，我请求参加你们的队伍，请你们收留我吧。"但是，人家没瞧起他。

"要我吧！听说你们的队伍好，我才找上来的。"赵尚志并不灰心，进一步地恳求说。队头嫌他个儿小，体格单薄，对他的要求，仍是置之不理。

"别看我个矮，可啥都能干，当兵打仗，挑水做饭，喂马担担，样样都能拿得起来呀！"赵尚志先向人家讲小道理，小道理没人听，就又讲大道理："不是'国家兴亡，匹夫有责'吗！你们要抗日，抗日可要动员大家抗。抗日是光荣的事，我是中国人，应当吸收我和你们一道去抗日。”赵尚志的一席话说得那队头没办法，只得同意他跟队伍走一段，想看看他到底行不行。

赵尚志说:“那好，我就跟着你们队伍走几天，看行，就留下我；不行，我再到别的队伍里去。”

在赵尚志跟着朝阳队走的那些日子里，他主动与士兵接触。行军时，他抢着帮士兵拿东西；宿营时，他帮助烧火、做饭。经过一段时间，这个大队头目见他这样殷勤，就同意把他收下当一名马夫，为他牵马、喂马、遛马。

赵尚志入队时间不长，就与部队下层建立了亲密的友好关系。他常给士兵讲笑话,说故事,谈古论今。一会儿是军事,说什么“兵者，国之大事，死生之地，存亡之道不可不察也。军队如虎，可以伤人，也足自伤”，一会儿又是政治，说“老百姓是国家的主人。‘水可载舟亦可覆舟’，民众如水，国家如船，水可以载船，水也可以翻船”。起初，士兵们听他讲，只不过是从他那里寻乐开心，可后来听他讲了许多没有听说过的道理时，便慢慢地觉得这个人了不起，非同一般了。

不久，孙朝阳部队遭到日伪军三面进攻，包围圈在一天天缩小。可是孙朝阳束手无策。就在这危急时刻，赵尚志却发出了一番议论：“像现在这样一步一步退却，不是等死吗？眼下，非以攻为守不行。最好是奇袭宾县县城。胜了，可以削弱敌人，获得战利品，补充自己；不胜，也可以牵动敌军，乘隙转移，跳出包围圈，强似坐以待毙。”这番议论很快传到孙朝阳的耳朵里，孙朝阳听了觉得有道理。

于是,在孙朝阳召集的军事会议上,这位“马夫”被邀请出席。会上，赵尚志详细地阐述了自己的退敌之策。他用香烟盒、火柴杆摆出进攻宾县县城的作战阵势。一边说一边打着手势，对进军路线、兵力配备、战斗部署，都说得头头是道，有条不紊。最后，赵尚志瞅着孙朝阳说："可有一件，如照我的这个计划行动，军队要重新编制。总指挥一职如有人担任，我可从旁协助，若无人担任，我自告奋勇。当然这是暂时的，打胜了回来交差，我还当我的马夫，打不胜，愿从军令接受处罚。”

“那么你都需要些什么呢?”孙朝阳迷惑不解地问。

“我别的什么都不要，一匹马、一支枪足矣。”赵尚志答道。

一席话,说得大家心悦诚服。孙朝阳痛快地说:“好!就由你指挥。马，骑我那匹大红马。枪，使我的驳壳枪。打胜回来，请你当参谋长。”

会散了，部队按照赵尚志拟定的作战计划进行了编配。挑选部分精锐部队由赵尚志率领去打宾县县城——宾州镇。一小部分作为疑兵，以牵制敌军。

临行前，赵尚志吩咐队员说："打枪要打瞪星枪，军事术语叫瞄准射击。不瞄准敌人不许随便开枪。进城之后，不许抢掠老百姓财产，违者军法从事。"随即，一支精悍的部队跟随赵尚志直奔宾县县城而去。

之后，果然宾县县城被打开。孙朝阳也不失前言，让赵尚志当了参谋长。

当时，中共珠河中心县委也派李启东等人到朝阳队上从事秘密工作。赵尚志与李启东等密切配合，为改造这支队伍，做了大量工作，使这支部队成为哈东一支抗日劲旅。

1933 年中秋节前，孙朝阳部队来了一个自称是北平国民反日义勇军后援会代表的人。他带来一封用绸子写的信。信中邀请孙朝阳赴北平参加义勇军首领会议，商讨抗日大计，领取军饷。赵尚志得知此事，觉得事出蹊跷，便奉劝孙朝阳不能前去，以免上当。赵尚志说："一块绸子算什么凭证呢？"他又说："去北平要经过哈尔滨定会出危险。"可孙朝阳却听不进赵尚志所说的话。不久，赵尚志与朝阳队"二当家""容易"因部队前进方向问题，发生争吵。"容易"主张去大锅盔"猫冬"，赵尚志主张到群众基础好的地方活动，开辟根据地，继续斗争。"容易"十分嫉恨赵尚志。

中秋节当天，"容易"在山上一座房子里对为敌特所愚的孙朝阳说，赵尚志是共产党，并秘密谋划，要枪杀赵尚志和珠河中心县委派到队上从事秘密工作的李启东等人。他们的议论被部队中一名叫王德全的战士听到，王德全马上把这一情况报告给赵尚志和李启东。

在这种十分严重的形势下，赵尚志、李启东认为对孙朝阳无继续争取的可能，决定分头通知队内同志脱离孙朝阳部队去找中共珠河中心县委。当夜，皓月当空，灿明如镜，薄云远逝，月光如水。赵尚志、李启东、王德全等七人携带七支长枪、四支手枪、一挺轻机枪，趁月夜离开了孙朝阳部队。孙朝阳不久后去北平，果不出赵尚志所料，行至哈尔滨后即被敌人逮捕，后被杀害。朝阳部队也渐趋溃散。

## “文明胡子”

（25 岁）

1933 年 10 月 5 日拂晓，赵尚志等七人在山区秋霜普降的晨凉中，迎着秋日的朝霞先后到达了六道河子百家长家。

在这里，赵尚志与珠河中心县委取得了联系，受到了县委派出的联络员的热烈欢迎。县委决定在赵尚志等七人基础上，由团县委、反日会增派李福林、朱新阳等六名同志，筹建珠河反日游击队。

这时，正在珠河巡视工作的省委军委负责人张寿篯（李兆麟）向赵尚志等传达了1933年1月26日《中共中央给满洲各级党部及全体党员的信》（即“一·二六”指示信）和省委扩大会议关于接受“一·二六”指示信决议的精神。

△ 珠河反日游击队遗址尚志县三股流

“一·二六”指示信其基本精神主要是肯定了东北的特点，提出了反日反伪满的统一战线的方针和在统一战线内部建立无产阶级领导权问题。决定在东北放弃搞土地革命、建立苏维埃和红军，而要开展对日本帝国主义及其走狗的斗争，建立人民革命军和人民革命政府。深受“北方会议”“左”倾错误影响之苦的赵尚志听到“一·二六”指示信精神传达之后，感到如获至宝。

1933 年 10 月 10 日，秋日的阳光照耀着珠河山川大地。天显得格外高、格外蓝；山上的青松显得格外苍翠、格外挺拔。在珠河铁道南的三股流，欣喜欢乐的气氛更是冲破了四处弥漫的深秋萧瑟之气。珠河东北反日游击队成立大会正在此地庄严举行。三股流，这个小小的山村呈现出一片欢腾景象。

在珠河东北反日游击队成立的大会上，赵尚志等十三名全副武装的游击队员精神抖擞，斗志昂扬。中共珠河中心县委负责人庄重宣布珠河东北反日游击队正式诞生，赵尚志任队长。赵尚志带领全体游击队员鸣枪宣誓：“我珠河东北反日游击队全体战士，为收复东北失地，争回祖国自由，哪怕枪林弹雨，万死不辞；哪怕赴汤蹈火，千辛不避，誓死武装东北三千万同胞，驱逐日寇海陆空军滚出满洲，为中华民族的独立、解放奋斗到底。”

三股流前有凹地，后有漫岗，便于作战；石头河子距乌吉密火车站较近，信息灵通，这里进可攻退可守，有较大的回旋余地。赵尚志根据县委决定率领游击队首先以三股流、石头河子为基点，开始展开发动群众、建立根据地、反对日伪统治的武装斗争。

由于国土沦亡,社会动乱,以致兵匪不分,“胡子”(土匪)遍地。新生的游击队初到三股流附近一个地方活动时，当地群众不了解他们是什么队伍，以为他们是“胡子”，所以十分恐惧。

老百姓都认为各种牌号的队伍多着呢，在兵荒马乱的年头，对拿枪的还是躲着点儿为好，可万万得罪不起。他们为了免遭其害，便按家摊派，凑了些钱，让百家长买来许多礼物，什么大烟、烧酒、鱼肉之类，送给游击队。百家长找到赵尚志说明来意，赵尚志知道是群众对游击队存有误解。他便亲切地对百家长说：“我们不是胡子,是打日本鬼子的游击队,我们不要老百姓的东西,这是纪律。”又说：“这些东西如果是你自己花钱买的，就由你自己处理，要是老乡摊钱买的，你就退给大家。”百家长听罢，十分不解，自古兵匪一家，哪有送上门的礼还不收呢？

数日后，百家长又拎着几双牛皮靰鞡来见赵尚志，说是送给游击队的,这是老乡们的一点小意思。赵尚志给他钱,他还是不要。赵尚志对百家长说：“您如果不要钱，这几双靰鞡鞋我们不能收，请您拿回去；您要收钱，我们就留下。”赵尚志反复、耐心地向百家长解释：我们不是胡子，不能随便要老百姓的东西。我们是共产党领导的抗日队伍。又说：“我们拿枪打仗是抗日，你虽然不能亲自拿枪打仗，但能替我们买东西，支援游击队，也算是革命的，为反日作贡献啦！游击队和老百姓是一家人，咱们团结起来，才能把日本鬼子赶出去。”

游击队成立之初的这两件事，对三股流、石头河子一带群众教育很大。他们感到这十几个当兵的不一般，的确不像是胡子。

游击队初创时期，赵尚志特别注重加强部队的群众纪律和密切群众关系的工作。游击队每次开会，赵尚志都反复强调：我们是革命的反日部队，人民的队伍；老百姓就是我们的父母，打日本就是为了老百姓。因此，我们不能像有些义勇军、山林队那样欺侮老百姓。游击队每到一地，便首先召开群众大会，向群众宣传抗日救国的道理和部队的纪律。由于赵尚志的严格要求，游击队员都能自觉遵守群众纪律，不要群众东西，借物奉还，损失赔偿。住在老百姓家中，对人都是以大爷、大娘、大哥、大嫂相称。不随便支使人干这干那。晚上睡觉时，游击队员让老乡睡在炕上，他们睡在地下。铺的是茅草，枕的是木柈。吃饭时，从不挑拣，群众吃啥，游击队员吃啥，并人吃马喂一律按市价付钱。游击队员们还积极热情地帮助老乡干活，参加各种劳动。赵尚志也和战士们一样，站岗放哨，并带头帮助群众挑水、推磨、劈柴、烧火、做饭、干杂活。游击队离开驻地时，赵尚志总是留在后面，挨家检查战士有无违犯群众纪律行为，征询老乡的意见，并亲切地与之话别。

时隔不久，赵尚志率队去大荒顶子活动，将当地著名汉奸王福山逮捕处决。群众见此，无不赞誉游击队是为民除害。紧接着，游击队以反动的伪警察署（所）和汉奸地主大排为目标进行了一系列斗争。赵尚志率队连续收缴了西五甲、苇塘沟、二道河子、东五甲、板子房、张家湾等地伪警察署（所）和反动大排队，惩治了数名汉奸走狗，并与驻守乌吉密的伪军三队约四十余人在罗家唐西沟展开激战，将敌人击败。

赵尚志率领的这支队伍在珠河铁道南地区的出现，使许多群众感到异常惊奇。因为他们从来没有看见过这样和蔼可亲、纪律严明的队伍。年长的说："这叫啥胡子，活这么大岁数没见过。"见识广的说："胡子可不这样，旧东北军也不这样，这叫什么队伍呢？"一时，由于搞不清这支队伍的性质，叫不惯游击队这个名字，群众就称赵尚志所率领的队伍为"文明胡子"。

珠河东北反日游击队的诞生得到中共满洲省委的重视，同时也寄予很大希望。省委在写给县委、游击队的信中指出："我们的游击队现在虽不很强大，但是毫无疑问，它将在党的正确路线领导下，成为珠河一带反日武装队伍中左右一切的中心力量。"

## 英勇袭敌

☆☆☆☆☆

（26 岁）

珠河反日游击队在初创时期，由于它一开始就有明确的政治主张，又由于在赵尚志指挥下连续不断地取得对敌斗争的胜利，加之部队有着严明的军纪，处处注意密切军民关系，因此，受到了广大群众的拥护和欢迎。群众逐渐了解了游击队的性质，不再叫游击队为“文明胡子”了，而是把这支队伍称作是“我们的队伍”。游击队所到之处，农民们争先请游击队员到自己家去吃饭，妇女主动集款，捐助游击队手套和给游击队做衣服，猎户们自愿给游击队送猎物——野鸡、野兔、狍子等，青年农民自愿帮助游击队站岗。

游击队在广大群众支持之下，政治影响不断扩大。游击队在三股流一带站稳了脚跟，并迅速发展。1934 年 1 月末，珠河反日游击队已发展到七十余人。队内编成第一、二、三、四、五分队和骑兵队、机关枪队、少年先锋队。同时，在县委的领导下，在反日会的配合下，在三股流一带发展了七八十名反日会员，建起了一支农民自卫队。以三股流为中心方圆几十里地的地方被开辟为珠河反日游击队的最早的抗日游击区。

随着游击队的发展壮大，其影响在义勇军、山林队中日渐提高。

那时，在珠河一带有大小约三四十股义勇军、山林队。为推动义勇军、山林队继续坚持抗日，赵尚志积极进行团结争取他们的工作，与之建立起广泛的联系。结果使活动于珠河、五常一带的许多义勇军及一些反日大排队头目都前来找赵尚志，表示愿意与游击队接近，建立关系或要求改编，接受游击队的领导。

遵照省委指示精神，1934 年 3 月初，赵尚志率领游击队与“青林”义勇军一同在铁道北半截河召集“北来”、“七省”、“好友”等义勇军各部首领，举行了联合军会议。会上，赵尚志与各部义勇军首领达成了在不投降，不卖国，反日到底；没收日本帝国主义及其走狗的一切财产和土地充作战费；保护群众利益，武装群众，共同反日等三项条件下实行联合抗日的通令。同时，决定成立东北反日联合军总司令部，赵尚志被推举为总司令。

1934 年 3 月上旬，节令已交“惊蛰”，北国大地虽然寒意尚浓，但春天的气息已降临人间，和煦的春风开始吹拂田野山川。珠河反日游击队迎来了成立后的第一个春天。

半截河联合军会议之后，赵尚志率珠河反日游击队纵横驰骋于铁道南北，袭击了敌人驻地十三堡，缴了老虎窝、新开道、古扎子三处伪警察署（所），共缴获四十余支步枪。又攻占地势险要的秋皮囤，收缴了反动大排武装。不久赵尚志率游击队与“北来”等义勇军联合作战，共同攻打了黑龙宫。

5月初，在赵尚志的主持下，于五区小街召开了由“北来”、“容易”、“白龙”、“双城”及“黄炮”、“朱万金”等各义勇军首领参加的联合军会议。在这次会议上，赵尚志进一步向义勇军首领们宣传只有进行联合，相互支援、协同作战，才能取得斗争胜利的道理。他结合东北义勇军斗争的实际，指

△ 赵尚志使用过的手枪

出1932年全东北掀起的大规模义勇军反日斗争遭到失败，就是因为各义勇军东一股西一股，张三不管李四，李四不管张三，你挨打，我看热闹。结果，一个个都让日本人收拾掉了。赵尚志说："要反日单蹦地干是不行的，要想干就得大家合起心来，一齐干才行。只要大家一条心，一个目的，一致动作，虽然没有好枪炮，也一样能打胜仗。否则，用不了三天两早晨，连半拉义勇军也不会存在。"经过宣传，与会的义勇军首领都愿意消除过去相互存在的隔阂，大家都同意在"三项条件"下，为了一个抗日大目标，实现联合，共同打击日本侵略者。

随后，在热烈的气氛中召开了五区小街群众反日大会，赵尚志与各义勇军首领议定，为缴取枪支，打击日伪军，联合进攻哈东重镇宾县县城——宾州镇。

5月9日，掌灯时分，在赵尚志的指挥下，各部武装开始分头行动，猛烈攻打宾县县城。反日联合军攻城部队为打开突破口，用一门木制大炮轰城。随着木炮震天之响，南城门旁的炮楼被打中，坯瓦七零八落，又接连一声，城墙被轰破一角。这时，游击队少年连十余名战士冒着浓烟，顺着木炮轰开的缺口冲入城内。此际，我军的冲杀声、敌我双方子弹的呼啸声交织在一起。次日上午9时左右，正当反日联合军与敌人激战时，由哈尔滨调来数百名日伪军增援部队。鉴于敌人援兵已到，为避免遭受严重损失，赵尚志命令停止进攻，尔后有秩序地撤离阵地。

1934年夏，天气晴朗，蔚蓝色的天空，飘浮着几缕白云，明亮的阳光普照大地；杨柳展叶，香花吐蕊，满山遍野散发着迷人的气息。此时，赵尚志率领着珠河游击队、反日联合军正在宾县三岔河地区活动，以拓展抗日根据地。6月的一天，由于有汉奸告密，突然有六百余名日伪军前来攻打珠河游击队、反日联合军。赵尚志所在司令部被敌人包围在一个大院里。激战中，我军弹药已不多，敌人仍在不停地进攻，司令部的处境越来越危险。一些战士要求

△ 东北抗日联军在深山密林中建造的密营

突围，赵尚志说："白天说什么也不能往外冲，要坚守阵地。不然，一出大门就等于送死。要坚持到天黑就会有办法。"战士们在赵尚志的鼓励下精神振奋，强忍饥渴，在炮火硝烟中，坚持战斗，固守阵地。夜幕降临时，赵尚志开始指挥我军奋勇出击，终于突破敌围。

三岔河战斗后，赵尚志率领的珠河游击队与部分义勇军队伍组成东北反日游击队哈东支队。赵尚志任支队司令。1934 年下半年，哈东支队在宾县、双城、五常、舒兰、延寿、方正等地积极活动，有时行至临近哈尔滨的满家店、蜚克图、黄山嘴子一带。7 月 5 日，趁雨夜攻袭了五常县城，占据三小时而后退出。6 月 15 日，率队攻袭了敌人重要据点五常堡。缴获大小枪四十余支，子弹一千余发。还缴获了大量棉布、衣服、面粉、胶鞋等物资。五常堡战斗结束后，赵尚志指挥哈东支队又连续攻打了双城县八家子、康家炉、梨树沟、方城岗等敌人据点。其间，哈东支队频繁破坏敌人铁路交通，一时，北满铁路成为"交通地狱"。入冬，在方正肖田地与敌激战，突破敌围，取得了胜利。

哈东支队的游击活动使日伪当局在北满的反动统治受到严重威胁，敌人非常恐惧赵尚志所率部队。在日军中竟流传有"小小的满洲国，大大的赵尚志"的说法。

# 粉碎“围剿”

（1934—1936）

## 建立三军

☆☆☆☆☆

（26-27岁）

在赵尚志的领导下，哈东支队的游击活动区域扩大到滨绥铁路的两侧，北迄宾县，南至五常，东起方正，西到双城的广大地方。游击区遍及五常、宾县、珠河、双城、阿城、苇河、延寿、方正等数县，约东西二百多里，南北三百五十里的范围。在游击区内建有抗日根据地，经过游击队的艰苦斗争，根据地完全成了在党的领导下，由人民群众自己进行管理，真正可靠的从事游击战争的地方。

在根据地，普遍建立起反日会、妇女会、农委会，把群众组织起来，发动起来。据1934年9月珠河中心县委统计，仅珠河县反日会员约有一万人。其中道南反日会员约五千余人，道北约四千余人，此外，蜜蜂园子、乌吉密站等铁路工人中也有大量反日救国会员。在许多地方还建立了农民反日自卫队不脱产的群众武装组织。自卫队农忙务农，农闲练兵；平时为民，战时为军。1934 年秋，道南、道北农民自卫队已有两千余人。另有脱产的青年义勇军、模范队群众武装。青年义勇军、模范队成员是游击队可靠的后备队。

在游击区根据地内，除上述诸项建设之外，还建有多处专门为部队服务的兵工厂、被服厂、后方医院。这些兵工厂、被服厂、后方医院在反“讨伐”战争中，都发挥了重要作用。

1935 年 1 月 12 日，中共满洲省委恢复了赵尚志的党籍。

为壮大人民武装，赵尚志根据满洲省委关于在反日游击战争中，“巩固扩大反日游击队，创造人民革命军的”指示，在哈东支队的基础上建立了东北人民革命军第三军。1935 年 1 月 28 日在珠河抗日根据地半截河举行了隆重的第三军升旗典礼。会上，军长赵尚志作了讲话，号召军民团结一致，不断壮大抗日队伍，积极开展游击战争，粉碎敌人一切“讨伐”与进攻，进一步巩固和扩大游击区域。东北人民革命军第三军是继第一军（军长杨靖宇）、第二军（军长王德泰）之后，成立的又一支中国共产党领导的抗日武装力量。他的成立不仅标志哈东支队又有了新发展，也表明党领导的人民抗日军队已在东北抗日游击运动中成为中坚、骨干和核心力量。

第三军成立后，部队在赵尚志指挥下，积极开展游击战争，发展是迅速的，到年底已由三个团发展至六个团，有八百余人。第三军的发展主要是因为，党在游击区建立了根据地，部队有充足的兵源，军队纪律作风好，赵尚志治军有方，常打胜仗。

在反日游击战争中，赵尚志领导的队伍不断发展，有更多的义勇军山林队向其靠拢，有两三千人的抗日队伍团结在第三军周围，这种状况令敌人震惊不已。日伪当局为破坏抗日游击运动，曾采取派特务混入部队暗杀赵尚志、逮捕赵尚志老父、挑拨义勇军和山林队与我军的关系等办法妄图逼迫赵尚志投降，但敌人阴谋诡计皆遭破产。当老父亲被敌人抓去，赵尚志深知只有忠于民族才是真正的忠，而只知孝于父母，实是愚孝，至于向敌人投降，不仅不是忠孝，反而是大逆不道。他对战士们说："敌人抓我父亲，让我投降是办不到的。忠孝不能两全，他抓他的，咱们还抗咱们的日！"

在创建反日部队，从事英勇的抗日游击战争和开辟游击根据地斗争中，赵尚志与广大战士和群众建立了密切的关系。他关心战士、群众，与之同甘共苦，因而受到战士和群众的称赞和爱戴。人们交口赞誉他是"我们的赵司令"。

赵尚志非常体贴士兵，心里总是装着战士。一位老战士说，就是有一个鸡蛋，他也得叫打在汤里，让大家都能吃到。每当部队到老乡家，他和战士们一样帮助老乡劈柴、扫院、挑水、推磨、干杂活。住宿时，他总是安排战士到火炕上去睡，而他却在地上铺一些草和衣睡在上面。赵尚志生活俭朴，他吃东西不挑拣，衣着随便。在游击队赵尚志穿的是最破的。原来，他看战士没有新衣服，他也不穿新的。他要穿上一双新鞋，见到有的战士穿破的，便把自己的鞋让给战士。

有一次，部队住在一个村子里，群众都想知道谁是大名鼎鼎的赵尚志。当年，赵尚志任哈东支队司令年仅 26 岁。群众想他这么年轻，胡子都听他调遣，能去打日本，定是非同寻常之人。一位老大娘对部队副官说：“你把赵司令领来，让我瞧一瞧好吗？”

副官不解地说：“司令就住在你家，你怎么还没看着呢？”

老大娘问：“是那一位？”

副官说：“你做饭时，帮你烧火的那位呀！”

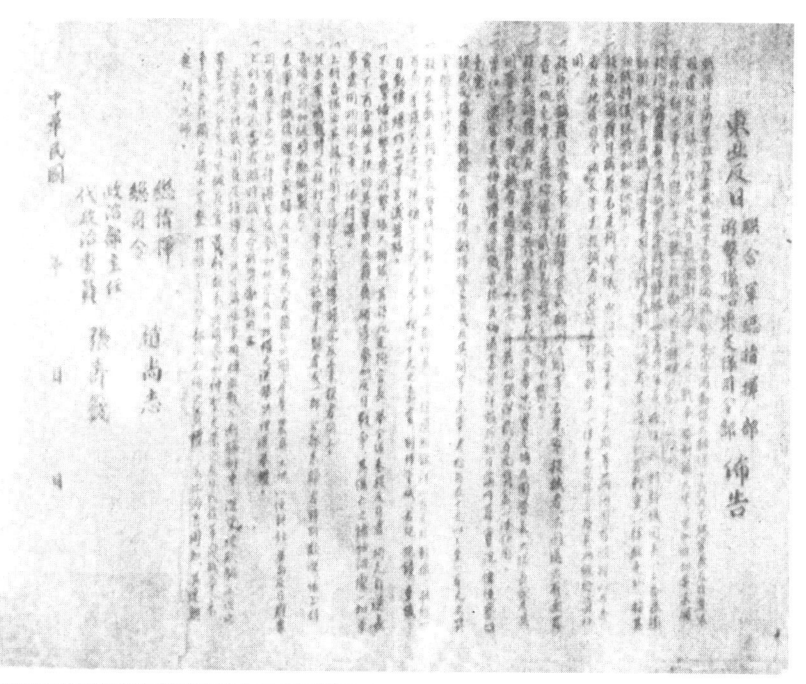
東北反日聯合軍總指揮部
游擊隊哈東支隊司令部 佈告

總指揮 趙尚志
總司令
政治部主任
代政治委員 張壽籛

中華民國 年 月 日

△ 东北反日游击队哈东支队司令部布告

老大娘不敢相信地问道："就是穿得很破，浑身油渍麻花的那个人吗？"

副官说："正是。"

老大娘听罢，大吃一惊："我当赵司令不得怎么阔气呢，原来他就是赵司令。"

由于在长期战争环境，工作紧张、繁忙，赵尚志经常是十天半月顾不上洗脸，弄得满脸黢黑。有一回，赵尚志率队住在一个老乡家，这位老乡见赵尚志满脸黢黑，便与他开玩笑说："赵司令是黑虎星下凡吧？"

赵尚志知道是老乡笑话他不洗脸，便说："你我都是肉胎凡人，我怎么是黑虎星呢？"老乡便问："那你脸怎么这样黑呢？"

赵尚志回答说："国土沦丧，脸上无光啊！"

## 游击战术

☆☆☆☆☆

（27岁）

赵尚志在与日伪军的战斗中，惯于运用游击战术，巧妙袭敌。

1935年2月，赵尚志率领司令部人员、政治保安营和少年连北进宾县活动，开始实施春节期间与敌人战斗的游击活动计划。

首先，赵尚志率队在宾县二区连续缴了三道街、包家岗、四道河子三处伪警察属署(所)、伪自卫团武装，缴获步枪三十余支。

接着，在正月里，赵尚志率队在宾县、双城、珠河、延寿等地纵横驰骋，频繁出击，英勇地开展着反"讨伐"斗争。他指挥部队攻打伪警察局(所)、缴伪自卫团及反动大排，使敌人防不胜防，惊恐不安，整个春节始终没得消停。春节之后，第三军第一、二、三团根据赵尚志的部署以游击战的形式分别在延寿、珠河等地积极地开展反敌人"讨伐"的斗争。在第三军的带动下，其他义勇军也积极行动起来与敌作战。据日伪统计，1935年第一季度，各种反日部队在哈东出动与日伪军作战次数为352次。其中1月为33次，2月为112次，3月为207次。第二季度为559次。其中4月为149次，5月为216次，6月为194次。

在开展反"讨伐"游击战争中,赵尚志巧妙地利用敌人"讨伐队"围追我军东奔西突、部队之间联络不很密切的弱点，经常化装成伪军、日军打击敌人。因我军经过化装，一些伪警察署(所)、大排队也搞不清来的这些人究竟是那一部分的，往往被戏剧性地缴械、消灭。

赵尚志率队在缴宾县四道河子伪自卫团和缴财神庙大排时都是采取了化装袭击的办法。赵尚志常说"兵不厌诈"。在去缴四道河子伪自卫团时，赵尚志率领经过化装成伪军的第三军骑兵队战

△ 赵尚志

士，打着伪军旗帜大摇大摆地来到四道河子。该村伪自卫团头目看到“国军”来了，便点头哈腰地跑出来迎接，忙问：“辛苦了？”我军战士回答：“不辛苦，不辛苦。”接着伪自卫团头目率领伪自卫队员到院内列队让赵尚志训话。赵尚志瞅着这群死心塌地甘为日本侵略者效劳的“亡国奴”，气不打一处来。他声色俱厉地说：“赵尚志率队都打到村里了，你们还待在这儿干什么！”遂令部队将伪自卫团全部予以缴械。一时，敌人被搞得晕头转向，摸不着头脑，当他们手中的枪支被缴下来之后，才知道缴械的根本不是什么“国军”，而是真正的赵尚志的队伍。

赵尚志在反“讨伐”游击战争的实践中，注意总结积累对敌作战的经验、教训，不断提高指挥战斗的艺术和战略、战术水平。他说：“我们没有新式武器装备，要在不如人家的情况下去打胜仗，这就要‘穷棒子娶媳妇——凑合破烂家什办大事’，所以要想办法，以鸡蛋碰石头是不合战术的。要与装备精良的敌人作战，就必须运用机动灵活的游击战术，当打则打，当退则退，敌人来得少就打，来得多就退。”又说：“打仗的目的是消灭敌人，就是万不得已，不能不挨打的时候，还是少牺牲为好。”

赵尚志在指挥战斗中能审时度势，因地制宜，熟练地掌握“分散”、“集中”与“转移”三项用兵方法，能果断地作出决定将部队化整为零，以避开敌军进攻锋芒；或将部队化零为整，袭敌弱点，以攻击消灭敌人。

自第三军成立后，赵尚志把与日本侵略者、伪军作战的经验不断进行总结提高，他曾撰文综合归纳出义勇军采取的十种游击战术：一、运动战；二、外线战；三、进攻战；四、歼灭战；五、化整为零和化零为整；六、避实就虚，敌进我退，敌退我进；七、迂回袭击；八、小包围和大包围；九、诱敌、毁敌、间敌、疲敌、惑敌；十、敌在明处我在暗处，行踪飘忽，出没无常。

由于赵尚志能够娴熟地运用机动灵活的游击战术，善于巧妙地利用地形地物，加之有人民群众的大力支援，日伪军深感第三军实在不好对付。在1935年春季的敌人“大讨伐”中，妄图消灭第三军的日伪军，终因疲于奔命，将长驱直入的普遍进攻，改为步步为营的重点进攻。最后，不得不宣布对抗日军“讨伐”破产。敌人承认说：“溯自事变以来，盗匪蜂起，五常、珠河、苇河、延寿、舒兰、额穆等县仍有流匪患扰，屡事‘讨伐’，终难收效。”

## 联合抗战

（27岁）

建立、扩大反日统一战线是党在领导抗日斗争中的一项重要政策。因为敌方日本侵略者有着强大的力量，而我方反日武装力量还很薄弱，这就要求党必须准备花费较长的时间聚集雄厚的力量与日本帝国主义进行长期艰苦的斗争。就要抛弃任何孤家寡人的关门主义政策，而采取组织广泛的统一战线的策略，把千百万群众和一切可以联合的友军，团结在一起，共同抗击日本侵略者，与汉奸走狗展开坚决的斗争。

为扩大反日统一战线，联合抗战，赵尚志率领司令部直属部队——政治保安营、少年连及第一团，由珠河经延寿来到方正大罗勒密。在这里赵尚志会见了民众救国军司令谢文东和自卫军支队长李华堂。赵尚志向他们宣传党的反日统一战线政策，提出在不投降、不卖国、反日到底；没收日本帝国主义及其走狗财产、土地充作战费；维护民众利益，允许民众武装抗日等三项条件下，联合其他义勇军、山林队组成东北反日联合军并成立联合军总指挥部。其提议得到他们的赞成。赵尚志任总指挥，李华堂任副总指挥，谢文东任军事委员长，张寿篯任总政治部主任。

东北反日联合军及联合军总指挥部的成立，扩大了共产党和人民革命军的政治影响。反日联合军及联合军总指挥部是团结一切大的、小的反日义勇军参加我党领导的武装反日统一战线，共同进行反日战争的组织形式。它的成立对于推动和扩大哈东及松花江下游地区抗日游击战争的开展具有重要作用。

反日联合军总指挥部成立后，赵尚志及谢文东、李华堂共同决定进行一次联合作战行动，攻打方正县城，打击敌人，庆祝联合军总指挥部成立。

1935 年 3 月 9 日拂晓，人民革命军第三军司令部直属部队——政治保安连、少年连和第一团，谢文东所部、李华堂所部及祁致中所率部队共 450 人，在赵尚志的统一指挥下展开攻城战斗。

激烈的枪声划破了黎明前的沉寂。第三军少年连首先突破敌人坚守的东门。反日联合军冲入城内后，迅速占领伪警察署，烧毁日本参事官宿舍。在反日联合军的凌厉攻势下，守城敌军东跑西窜。联合军在缴获敌人部分武器，于城内占据12小时后安全撤退。

为不失时机地促成反日武装统一战线的进一步扩大，增强反日力量，赵尚志在率队攻破方正县城后即来到宾县七、八区，在老黑顶子召开有四十余股义勇军、山林队首领参加的会议，成立了路北指挥部，以后又成立了路南指挥部和延方指挥部。这三个指挥部在反日联合军总指挥部的领导之下，分负本地区一切指挥事宜，以领导、推动反日斗争的开展。

为最大限度地团结反日军，扩大反日统一战线，赵尚志除发出号召外，还风尘仆仆地奔走于各义勇军间，向他们宣传解释党的反日统一战线政策。他说："今天的抗日已不是过去为抢地盘、争名夺利，那是不对的。抗日不是什么将军、大帅的私事。这是咱东北人的事。有我有你也有他，人人有责，是个老乡就有份。"他又说："要干大家一起干，大家抱成团，绝不能三心二意的，才能把日本打回他老家去。只靠仨一群俩一伙的，不统一，白给敌人造机会的干法，还想打胜仗？那真是所谓'武大郎征东——根本没有那么一本子书'。"就这样，赵尚志耐心引导义勇军首领参加到反日统一战线中来，主动与他们订立联合作战协定，共同与他们开展反日斗争。

自1935年3月反日联合军总指挥部成立起，由于反日统一战线的不断扩大，哈东地区反日斗争的烈火越烧越旺。第三军、反日联合军在赵尚志的指挥下主动出击，各义勇军、山林队亦积极行动，猛烈地向敌人展开有力的进攻。这期间哈东地区各反日部队，除袭击日伪统治据点，与敌军交战外，还频繁袭击敌人滨绥、拉滨铁路车站、线路、列车。据统计，第一季度袭击车站列车一次，破坏线路、阻碍运行九次，其他破坏活动二十一次。第二季度袭击车站列车十次，破坏线路、阻碍运行二十四次，其他破坏活动六十三次。敌人据点频频被袭击，铁路站车、线路被破坏，致使敌人交通运输经常处于瘫痪状态。

赵尚志领导指挥的反日联合军所取得的军事胜利，使日伪军政机关的主持者感到十分可怕。因为深得广大群众支持和响应的反日武装斗争将直接威胁其殖民统治秩序的建立。面对抗日运动不断发展的形势，日伪统治者坐卧不宁，寝食不安，倍感忧虑。

## 与敌周旋

（27 岁）

1935 年 4 月，山野中迎春花的花蕾伴随着阵阵吹来的暖风，散发出芬芳的花香。冰雪开始融化，山野逐渐放青。万物在和煦的阳光下，又重新舒展开来。赵尚志及珠河人民抗日武装又迎来了一个战斗的春天。

赵尚志率领第三军司令部直属部队、第一团和反日联合军来到延寿境内活动。日伪当局为扑灭哈东抗日烈火，派出大批日军及伪军邓团、王团围剿赵尚志所率领的第三军和反日联合军。为避免遭受日伪军的正面攻击，不断取得新的胜利，赵尚志决定避敌锋芒，率第三军司令部直属部队、反日联合军离开延寿，与敌周旋，分头活动。第三军部队在赵尚志率领下南进苇河，4 月 7 日攻占此地。4 月下旬又回师方正，于 24 日，率反日联合军一举攻下由方正通向依兰等地的咽喉要道——大罗勒密，毙伤大批敌人，缴获许多马匹及一些棉布。

反日联合军攻下大罗勒密后，赵尚志又挥师东进牡丹江沿岸。

进击牡丹江沿岸是赵尚志决定采取的重大军事行动。其目的是：突破敌人“讨伐”，开辟新的游击区域；打击敌人，破坏敌人对我国森林资源的掠夺；与汤原游击队打通联络，以共同作战；宣传党的抗日主张，进一步扩大反日统一战线。

赵尚志率队东进牡丹江沿岸后，与敌人进行了一系列战斗。

5月23日，攻克日本侵略者掠夺我国森林资源重要据点——楼山镇。战斗中伪军孙团被击溃，焚毁伪军防所。

5月24日，在龙爪沟附近击败日本近藤公司雇用的200名白俄森林铁路守护队。焚毁该公司储木场，毁坏机车一辆，列车二十余辆及通往山里的桥梁。此战，日本近藤公司经济损失在20万元以上。

5月28日，连续与森林铁路守护队白俄兵交战。激战中毙白俄兵队长以下十一人，缴获机枪两挺，步枪若干。破坏了日本近藤公司把森林铁路延长到三道河子、依兰的计划。

5月31日，占领三道河子、满天星。

6月4日，赵尚志率队向日本帝国主义掠夺我国森林资源另重要据点——三道通进军。

6月6日，进攻三道通，烧毁伪警察署。

赵尚志率队在牡丹江沿岸英勇开展军事活动的同时，还积极地开展了地方群众工作。在新开道、齐家粉房、腰岭、黄家木营、关门嘴子、崔金沟等地组织了农民反日自卫队，在窝李、牛付岗组织了反日会。另外，在三道河子，经过大量工作，在四五十个木营中建立了由伐木工人参加的反日会组织。

1935 年夏，大批日伪军前来不断追击第三军和反日联合军，加之我军对这一带地理情况不熟，在这种情况下，赵尚志决定其所率司令部直属部队及第一团停止东进，留第一团在延寿、方正一带活动，他率司令部直属部队返回珠河游击根据地。回师途中，于延寿夹信子西南缴取当地伪自卫团武装，获得步枪二十余支，并征收了部分反日特捐。之后，回到珠河道北地区，与第三军第二团部队相会合。

在赵尚志率领第三军司令部直属部队政治保安营、少年连及第一团奔赴牡丹江沿岸地区开展游击活动的同时，第三军二团、三团根据赵尚志的部署分别在道北、道南游击区积极展开游击活动。我军猛烈攻势使敌人心胆惧寒。

自 1935 年春夏两季，党的反日统一战线政策在哈东地区得到进一步深入贯彻，广大义勇军都团结在第三军周围。日益扩大和巩固的人民革命军第三军成为哈东反日战争的主要支柱和领导者。对于这种形势，日伪当局不禁哀叹："进入今夏青纱帐起以后，赵尚志'匪'的行动活跃起来，形成各路'匪贼'几乎都要投向'共产匪'的严重形势。已经有相当有实力的'匪贼'部队实现'共匪'化，难以预料，将来会形成怎样令人忧虑的形势。"东北人民革命军第三军在赵尚志的指挥下所英勇开展的游击战争，扩大了哈东反日游击区域，有力地推动了哈东地区抗日运动的开展，威胁、震动着日本帝国主义在哈东地区的统治。

日伪当局为镇压哈东抗日运动，于1935年7月初，由伪滨江省署召集各机关及珠河、宾县、延寿、五常、双城、阿城六县参事官会议，部署了旨在“毁灭赵尚志根据地”的“大讨伐”。在这次“大讨伐”中，敌人除调动大批兵力继续采取以往“讨伐”使用的包围、追击、利用降队、派遣特务等手段外，还采用了极其毒辣的所谓“匪民分离”政策，即从分离军民关系入手，采取“归屯并户”建立“集团部落”的办法，把抗日军与广大民众隔离开来，使抗日部队在衣、食、住、行等各方面失去群众的支持，陷于孤立无援的境地，进而歼灭之。

敌人的夏季“大讨伐”致使许多田园被烧毁，许多同胞惨遭杀害。熊熊的烈火，红红的鲜血，更加激起抗日战士对惨无人性的日本侵略者的仇恨。为了保存实力，更有效地打击日伪军，赵尚志决定避敌之锐，躲开敌人的正面进攻，以逸待劳，进而伺机袭敌。8月中旬，赵尚志率司令部直属部队及第二团由道北地区西进，到双城东部活动。

9月，日伪当局，继夏季“讨伐”后，又紧接着进行秋季“讨伐”。为正确分析当前形势，明确斗争任务，9月10日，中共珠河中心县委召开会议，会上赵尚志和与会同志共同总结了前阶段在执行反日统一战线及对敌斗争中的经验教训。会议根据珠河道南、道北根据地已被敌人破坏的实际，认为没有必要在此再集中大部兵力，固守旧游击区，决定第三军司令部率主力部队向延寿、方正远征，进而向牡丹江沿岸地区以开辟扩大新的游击区。

珠河中心县委执委会召开后，为贯彻会议精神，扩大反日武装统一战线，团结更多的义勇军，赵尚志于9月21日签署《东北人民革命军第三军收编通知书》，提出把反日区域内靠近第三军的大小反日部队编制为本军的游击团及游击连的别动队，以扩大部队的反日力量。

之后，赵尚志在筹备远征开辟新区，组织抗日军民破坏“集团部落”、“护路村”的斗争中，通过吸收青年义勇军、游击连等办法将第三军三个团发展为六个团。此外，第三军还收编了直接隶属司令部的由一些义勇军组成的游击团、别动队六百余人。这些游击团、别动队都是斗争方向明确、有战斗力、群众纪律较好的部队。第三军司令部对他们有绝对调动的权力。

1935年初秋，阴霾漫天，北满山野已充满凉意。日伪军的“讨伐”正在疯狂地进行。日军岩越师团所属岛木部队、江波部队、横山部队、青山部队等分别在阿城、珠河、宾县等地围剿反日军，致使哈东游击根据地再次遭到严重破坏。此际，第三军司令部直属部队政治保安营、少年连及第四团、第五团（约占全军五分之二的力量）已由赵尚志率领向东北方向的延寿、方正挺进，以落实县委关于“在一定时间内完成远征、开辟新的游击区”的任务。其他各团，根据赵尚志的部署在原定各自活动范围内开展游击活动。在军事行动上，各部队采取机动灵活的游击战术，适当地集中与分散，使敌人难于进攻与堵击，以便于自主活动。在被敌人已破坏的游击区或周围村屯被烧毁的地方进行活动的队伍编成小股部队（一般十五人左右为一队），与敌周旋，执行配合主力部队行动的任务。

在反“讨伐”斗争中，珠河党组织和第三军付出了巨大代价，干部、战士及地方工作人员牺牲约七十多人，但人民革命军第三军主力在赵尚志指挥下最终冲破了敌围。

## 北上汤原

（27–28 岁）

1935 年冬，赵尚志率队远征至延寿、方正、勃利等地。11月，赵尚志在勃利青山里召开第三军军部会议，决定逐渐向松花江北岸、小兴安岭山麓伸张，与汤原游击队会师，扩大与开辟江北新的游击区域。

青山里会议之后，赵尚志率领政治保安营、少年连离开勃利县境，来到依兰五道河子。在这里，会见了第四军军长李延禄。赵尚志与李延禄共同分析了面临的严峻形势，作出第三、四军联合行动的决定：为避开正面敌人进攻，派第四军一部进军桦川、集贤，并大张旗鼓活动，以牵引敌人目标；第三军四团、四军二团留在方正、依兰，开展游击战；赵尚志、李延禄率第三军、四军主力部队渡江北进，绕道敌后，突破敌围，与汤原游击队会师。

根据上述决定，第三、四军各部迅速开始行动。第三、四军部队跨过松花江后，抵达通河县境。

12月12日夜，第三、四军部队缴取二道河子伪警备队武装。战斗中，妄图顽抗的日本指导官本次、参事官春田被击毙。六十余名在睡梦中被惊醒的伪警备队员在“中国人不打中国人！”等口号声中，被迫举手投降。第三、四军缴获轻机枪一挺、步马枪五十七支、手枪三支、子弹一万余发，新旧棉衣近三百套，解决了越冬服装。

1935年12月中旬，凛冽的西北风越刮越紧，漫天的雪花在狂风中飞舞。大雪早已封山，田野一片洁白。赵尚志、李延禄率领第三、四军队伍脚踏白雪，面迎寒风，经通河来到汤原县境。

12月下旬，赵尚志、李延禄率部在太平川东沟格节河会见了汤原反日游击队的领导人夏云杰。三位抗日部队领导人相见，大家都格外高兴。首先，赵尚志向夏云杰通报了他与李延禄率队北上的目的：会同各抗日部队成立东北民众反日联合军总司令部，开辟扩大下江反日游击区，帮助汤原游击队发展壮大,成立人民革命军。第三、四军的到来，受到了夏云杰的欢迎。赵尚志、李延禄、夏云杰共同讨论了松花江下游地区抗日斗争的形势，详细地研究了如何把汤原反日游击队扩编为东北人民革命军第六军的问题（当时周保中领导的东北反日联合军第五军已成立，故汤原游击队编为第六军）。

为了把汤原反日游击队扩编为第六军，赵尚志提出要想办法夺取武器，扩大武装。他问夏云杰，这里有什么目标，可以由第三、四军和汤原游击队共同组织一次联合战斗。夏云杰说："亮子河金矿驻有伪军三十八团一营警备连，只是这个连的孟连长过去与我们有交情，下不得手。"原来，孟连长怕汤原游击队攻袭缴械，曾与汤原游击队联系，双方避免打仗。夏云杰考虑到为争取有利时机发展抗日武装，答应了孟连长的要求，同时提出几个条件：不许他扩大活动范围，只限在亮子河矿区活动；不许搜捕我地下抗日工作人员；有事协商解决。

赵尚志听了夏云杰的介绍，指出为在小兴安岭山区建立后方基地，以与日伪开展长期的斗争，必须拔掉敌人安插在这一地区的钉子。夏云杰见赵尚志执意要打，便以含蓄和商量的口吻说："最好还是请孟连长来谈谈。"赵尚志、李延禄都同意了这个意见。

12月26日晚，孟连长被请到矿区邻村的单家大院。孟连长一进屋，见两个陌生人站在屋里，觉得事情不妙，心内惶惑不安。

△ 1935年8月东北抗日同盟军第四军在方正县成立地方人民自卫队纪念大会,前排中为李延禄军长

这时，站在屋里的李延禄反复向他讲解党的抗日救国政策，动员他把部队带出来参加抗日军。赵尚志见孟连长踌躇不决，便对他很不客气地说："咱们来干脆的吧，你是要当抗日英雄，还是要当狗熊？"

孟连长怅然若失，回答道："抗日英雄我当不起，我有抽大烟的瘾，遭不了那个罪。"

赵尚志说道："你遭不起罪，可以把枪交给我们去打日本鬼子，我们不怕遭罪。"

最后经过反复动员，孟连长勉强地答应为我军带路前去缴金矿伪警备连和伪矿警队的枪，并说："我领你们去缴枪，你们多给我几个钱，我有两个老婆，缴完枪好带她们回关里家去。"

当夜，由第三、四军及汤原反日游击队各一部组成的联合部队由孟连长带路，来到伪军三十八团警备连营地，顺利地解除了一百余名伪警备队和三十余名伪矿警队武装。缴获步枪二百余支，轻机枪两挺、黄金近百两及大量弹药等军需品。我军对百余名俘虏予以教育后，给资遣散。对孟连长及其家属亦发给足够的路费，让他们返回关里家，同时动员部分矿工加入了抗日部队。

亮子河金矿战斗后，赵尚志和李延禄商定，把在战斗中缴获的所有武装、弹药交给汤原游击队，对要求参加抗日部队的金矿工人也都调拨给夏云杰，以壮大汤原反日游击队，为扩编打下基础。此时，汤原反日游击队迅速发展到七百余人。

1936 年 2 月 1 日，汤原反日游击队在第三军、第四军的帮助下正式扩编为东北人民革命军第六军。届时,发表了第六军成立宣言。夏云杰任第六军军长，冯治纲任参谋长。为了加强第六军的领导力量，赵尚志决定调任三军一团政治部主任张寿篯为第六军政治部主任(代理)。东北人民革命军第六军的正式建立，进一步壮大了党领导的抗日武装力量。

在赵尚志、李延禄率队北上来到汤原县境不久，李华堂、谢文东应赵尚志邀请，亦率队从方正、依兰来到汤原县汤旺河谷，以共商抗日大计。

为贯彻党中央的“八一宣言”精神，扩大抗日统一战线，推动抗日联军和国防政府的建立，赵尚志与各部队领导人协议决定召开东北民众反日联合军军政扩大联席会议。1936年1月下旬，东北民众反日联合军军政扩大联席会议在汤原县吉兴沟(现浩良河林场境内)密林中召开。参加会议的有赵尚志、李延禄、夏云杰、张寿篯、李华堂、谢文东、冯治纲等。与会人员在简陋的伐木工人居住的木屋里热烈地商讨着抗日救国大事。他们分析了全国、全东北面临的政治、军事形势，确定了当前反日部队面临的任务，讨论了改进、扩大联军组织和军事行动方向，决定建立东北民众反日联合军总司令部,并酝酿成立代表全东北人民的临时政府等问题。1月28日，会议选举了赵尚志为东北民众反日联合军总司令，李华堂为副总司令，张寿篯为联军总政治部主任。会议决定东北人民革命政府未成立之前，组织东北民众反日联合军临时政府。同时，公布了由张寿篯起草的东北反日联合军临时政府成立宣言、施政纲领、对日作战通电及致中华民族武装自卫委员会宋庆龄、李杜的信。

反日联合军军政扩大会议之后，李延禄、李华堂、谢文东分别率部返回江南地区活动。同年2月。赵尚志与张寿篯、夏云杰等在汤原共同研究了为使抗日部队有可靠的休整训练的依托，建立后方军事基地的问题。

根据赵尚志的意见，第三、六军各抽调一部

△ 第六军被服厂遗址

分队伍，组成了后方留守处，由张寿篯负责统一领导工作。为建立汤旺河后方军事基地，3月15日，张寿篯率领第三、六军后方留守处战士及六军二团、汤原洼区青年游击连等部共二百余人奔袭汤旺河沟里，拔除汤旺河地区敌人据点，为建立巩固、安全的后方军事基地扫清了道路，使汤旺河流域方圆500里的广大地区完全被第三、六军所控制。

此后，第三、六军在汤原县汤旺河谷、帽儿山、巴兰河谷以及通河大小古洞河流域等地理位置较好的地方建立起多处秘密的后方军事基地，简称“密营”。这些位处深山密林之中的后方基地设有被服厂、军用仓库、粮库、野战医院、军械修理所、联军政治军事学校。这些建在深山里的密营是抗日战士休整、学习训练的可靠后方。

# 游击袭敌

（1936—1937）

東北人民革命軍第三軍改編為
抗日聯軍第三軍通告

為通告事，照得本軍自民國二十三年春季以來，即在不
斷戰鬥與敵下自身之擴大與千百萬反日同胞擁護中，
組成東北人民革命軍第三軍，幸賴將士用命，努力殺敵，
各界贊助，奔走有方，兩年來不獨擴展數倍之反日行動
區域，征服更多同胞信仰，尤其還合無數抗日友軍，打破
[illegible]
[illegible]
開途尚須籌議多方，尤其團結一切抗日武裝為統一
制之整體實際需要急務之急，因此本軍決定於八月一日
起在全體指戰員自動提議下，將原東北人民革命軍第
三軍改編為東北抗日聯軍第三軍，收編各隊聯絡各
與他滅此疆彼界各樹一幟，願東我西各行所志以
揭與光大我抗日之旗幟，以團結與鞏固我反滿之武
而已，行動在即，整頓需時，尚希我弟兄軍與各地抗日
軍全體同胞大展鴻猷，不吝賜教，國家幸甚，我軍幸甚。

東北抗日聯軍第三軍軍長　趙尚志

大中華民國二十五年　月　日

# 率部西征

☆☆☆☆☆

（28 岁）

1936 年的春天，是一个不寻常的春天。春回大地，万物复苏。随着山岭中向阳坡积雪的融化，树木早早地发出了嫩芽，金黄的迎春花，火红的达子香漫山遍野，小兴安岭山林呈现出一派生机。在 1936 年的春天里，活动在北满地区的抗日武装在对敌斗争中又得到了新的发展。第三、六军及其他抗日部队在松花江下游两岸积极开展游击活动，使北满地区迅速掀起一个新的抗日浪潮。这一浪潮与吉东、东南满的反日斗争遥相呼应，有力地促进了东北抗日战争的发展。

东北人民革命军第三军各团在冲破日伪军于 1935 年冬进行的“大讨伐”之后，按照赵尚志制定的新的战斗部署积极开展游击活动，部队迅速发展壮大起来。许多经过反“讨伐”斗争洗礼的农民自卫队、青年义勇军及参加过反日联合军的义勇军、山林队纷纷加入第三军，使第三军各团人数显著增加。

根据部队发展壮大的实际和斗争的需要，赵尚志决定将第三军所属第一、二、三、四团先改编为四个师的建制。第三军部队建制由团向师过渡，不仅仅是队伍编制的改变，它反映了第三军在反日斗争中在不断发展、壮大。

遵循联军军政会议精神，为巩固汤原游击根据地，在松花江北广大地区开辟新的游击区，配合在松花江南岸活动的第三军各部及第四军、民众军、自卫军的斗争，赵尚志决定组织一次远征，以积极主动的进攻策略，插入敌人统治薄弱地区，更加广泛地开展抗日游击战争，打击日伪统治者。因为此次远征从汤原浩良河西向通河、木兰、巴彦、东兴等地进发，故称西征。在第三军斗争史上，此次西征之后，在 1936 年秋至 l938 年还曾组织过三次西征，所以此次西征亦称第一次西征。

1936 年 4 月上旬，由第三军司令部直属部队政治保安营、少年连和第五、六团共约三百余人参加的远征队伍正式组成。远征部队经过充分准备后，在赵尚志率领下向西挺进。4 月 13 日西征第一仗打响，舒乐镇被攻克。舒乐镇位于松花江左岸，是由汤原通往通河、木兰的必经之地。敌人在此设置了重要军事据点，驻有日军守备队一个小队三十余名及伪军、伪警察二百余人，为开辟远征通道，赵尚志决定摧毁敌人这个据点。

战斗进行前，赵尚志派出七十余名手枪队员化装成镇内居民和伐木工人潜入镇内，隐蔽在敌人驻防地周围。4月13日午间，赵尚志指挥大队向舒乐镇发起进攻，经里应外合、内外夹击，该镇被一举攻克。镇内敌人除被击毙和少数逃跑者外都乖乖地放下了武器，当了俘虏。此战，俘日军二十余人、伪军和伪警察八十余人，缴获步枪百余支。战斗结束时，我军用没收日本银行中的伪币、金银购买了镇内商店中的许多布匹及一些日用品。而后用二十余辆马车载着大量物资撤离到十里河一带驻扎。舒乐镇战斗的胜利，使远征战士备受鼓舞。

4月19日，又趁敌人不备袭击了松花江岸边的竹帘镇。

接着远征部队在赵尚志率领下沿着小兴安岭山麓西进。曾在巴浪河谷连续与敌人展开数次战斗，而后插入通河县境。5月中旬，赵尚志率队又经通河西进至木兰县境。之后，远征部队以蒙古山为依托，在木兰、通河、巴彦、东兴一带积极开展游击活动。5月13日，袭击了木兰县太平河屯"集团部落"，破坏了附近的通讯线路和桥梁。5月20日左右，与东兴县西河镇伪警察与自卫团武装展开战斗。6月1日，联合义勇军"化民"袭击了大河沿伪警察署。6月12日攻袭了木兰县太平桥"集团部落"，解除自卫团武装、缴枪十三支。7月30日，赵尚志指挥远征部队在木兰县三千吊屯与日军涩谷部队小谷队交战。8月上旬，又率队在木兰县广利屯与日伪军交战。随后，远征部队西向巴彦前进，于8月14至17日在张家岗与日军涩谷部队桑原队交战，此战伪滨江省警务厅警长常盘嘉三郎被击毙。尔后，赵尚志率队袭击了驻守在木兰石河村的日伪军。

战士们化装成伪山林警察队员，趁村内大股敌人外出之际，冲进村内敌军驻所，结果，没费一枪一弹，便消灭了驻所内的敌人。从一次次对敌斗争中，可以清楚看出赵尚志临阵沉着，判断准确，决策迅速，命令果断，显示了一个军事家的指挥才能。

1936 年夏季，赵尚志指挥所率远征部队依托木兰蒙古山，利用青纱帐起的有利时机，西向巴彦、北向东兴、东向通河，积极开展游击活动，攻袭日伪据点，缴取日伪武装，摧毁敌人建立的“集团部落”，开辟了巴彦、木兰、东兴、通河新的游击区域。其斗争使民众受到鼓舞，使活动在这一地区的义勇军、山林队增强了抗日救国信心，并紧密团结在第三军周围。当时约四十余股义勇军、山林队主动表示接受反日联合军司令部指挥，其中不少队伍接受了第三军的收编，成为党领导下的抗日队伍。因此，第三军队伍又有新的发展。1936 年夏末，继已组建的四个师后，又成立了第五、六、七、八师。

自 1936 年春，赵尚志率部西征至 7 月返回汤原后方根据地，在短短的几个月时间里，于巴彦、木兰、东兴及通河一带积极活动，不断向敌人突击，战果累累。由于西征的胜利，巴木东及通河抗日游击区的开辟，使松花江北岸抗日部队的游击活动与松花江南岸二、三师的反日斗争紧密配合呼应，广大抗日军民深受鼓舞，有力地推动了松花江下游地区反日斗争的开展。进而在北满大地很快出现了新的武装抗日斗争的高潮。

## 军威显赫

☆☆☆☆☆

（28岁）

1936年8月1日，赵尚志根据中共中央《告全国同胞书》即“八一宣言”和《东北抗日联军统一军队建制宣言》精神，将在抗日游击战争中不断发展壮大的东北人民革命军第三军正式改编为东北抗日联军第三军。

“八一宣言”中，党中央号召为冲破日寇蒋贼的万重压迫，抗日救国，收复失地，组织全中国统一的国防政府。红军、东北人民革命军及各种反日义勇军一起组织全中国统一的抗日联军，并指出“抗日联军应由一切愿意抗日的部队合组而成”。“八一宣言”的这一倡议首先得到了东北人民革命军的响应。1936年

△ 东北抗日联军骑兵部队

2 月 20 日,《东北抗日联军统一军队建制宣言》发表。这是中共驻共产国际代表团以东北人民革命军第一、二、三、四、五、六军领导人杨靖宇、王德泰、赵尚志、李延禄、周保中等名义发表的。该宣言推进了东北人民抗日武装向统一、巩固的方向发展。宣言指出 : 根据全国救国运动的发展,为使抗日军队组织越加巩固,统一抗日军队行动,就要改组抗日军队的建制,统一名称。为此,东北人民革命军第一、二、三、四、五、六军及各反日游击队一律改组军队建制为东北抗日联军第一、二、三、四、五、六军以及抗日联军游击队。该宣言还宣布,东北抗日联军随时准备参加全国统一的抗日联军。

《东北抗日联军统一军队建制宣言》发表后,

至1937年10月党领导的抗日武装及统战部队共编成东北抗联十一个军，三万余人。

东北抗日联军是中国共产党创建和领导的东北各族人民的抗日武装，是中国人民抗日军队的重要组成部分。它的建立进一步扩大了抗日军队，推动了东北抗日游击战争的发展。表明东北人民的抗日武装在中国共产党的领导下，得到了统一、巩固和加强，同时也说明了中国共产党的全民族抗日统一战线政策的正确和无比的威力。

东北抗日联军第三军改编成立时，赵尚志签署了《东北人民革命军第三军改编为抗日联军第三军通告》。抗联第三军编成之后，在抗日统一战线的旗帜下，一些反日义勇军继续加入第三军队伍，第三军部队又有新的发展。在第三军以前所有的八个师建制之后，又编成了第九、十两个师。

由于党的抗日民族统一战线政策的无比正确及赵尚志军事指挥的才能，其所领导的抗日部队迅速发展壮大。在短短的三年多的时间里，由最初脱离“朝阳队”的七个人经珠河反日游击队、哈东支队、人民革命军第三军、抗日联军第三军等几个阶段发展到十个师，共计六千余人。司令部也更加健全，下设秘书处、副官处、执法处、经济处和稽查处。司令部直接领导政治保卫师和少年连。第三军队伍突飞猛进的发展，也促使其游击活动区域逐渐扩大。在北满松花江两岸、小兴安岭山麓三十余县广阔区域到处都有抗联第三军活动的踪迹。

对于抗联第三军的迅猛发展，巴黎《救国时报》在署名文章《东北抗日义勇军之发展与现状》中记载说:"在赵尚志指挥下,第三军发展异常迅速。屡次打败日伪军，尤以三次围困宾县城、攻克五常堡、陷落方正城，计取二道河子等战役为著名。自哈尔滨东沿中东铁路、沿松花江两岸，直至沿牡丹江两岸，所向无敌，挡者披靡，日伪闻之发抖，百姓听到开心。莫不异口同声赞誉赵司令英勇爱民。日寇故意散播空气，说赵尚志是共产党员，想借此以进行挑拨、恐吓。百姓听到说：'原来赵尚志是共产党，难怪他这样坚决打日本子，有武艺，名誉好。东三省多出几个共产党就不怕日本子了。'由此可见，东三省老百姓认定赵尚志是个真正抗日的民族英雄，认识了共产党是真正彻底抗日救国的政党。"

1936 年秋夏之交，活动于松花江南北两岸的第三军部队都取得了可喜的战绩。战斗在江北巴彦、木兰、庆城、铁力一带的部队活跃异常，计缴获迫击炮两门，日军轻便炮、轻机枪六挺，步枪数百支及大批弹药。由于汤原根据地的开辟，小兴安岭山麓地区游击战争的开展，赵尚志估计到日伪在江南的部队将会渡江北上，向我军展开

"讨伐",而江南敌人主力将会减少,敌情必然缓和。基于这种分析，他及时地对江南活动的第一、二、三师部队的斗争作出部署：要求第一师必须保持住方正、延寿及牡丹江沿岸所控制的山脉地区；为加强江北我军力量，第一师第五团于结冻前来江北至庆城、铁力、海伦、绥棱与第九师共同活动；第二师经由通河山中来汤旺河谷另行分配任务，向通北、海伦、龙门三县进军；第三师主力于宾县、阿城、方正、延寿一带活动，趁江南敌情缓和和警备不充分的时机，于冬季准备破坏亚布力、楼山、威虎岭以南的敌人林业事务所,破坏敌人铁路、桥梁，袭击守备薄弱的街市。赵尚志的这一重要部署是具有十分正确的预见性的。1936 年秋冬的敌我斗争形势，与其估计的大致相同，此期间抗联三军开展的抗日游击战争基本是按照这一部署进行的。

在东北抗日游击战争中，赵尚志看到抗联第三军的发展，北满抗日区域的扩大，使他对抗日战争取得胜利，实现民族解放充满信心。他坚信，中国人民的抗日游击战争必定要最终获得胜利，日本帝国主义发动的法西斯侵略战争终归要失败。

在火热的对敌斗争中，赵尚志每当想到东北

大好河山沦于敌手，千百万同胞陷于苦难深渊，即义愤满腔；当他看到数千抗日健儿以身许国，拼死疆场，又无不慷慨激昂。这种爱国忧民、恨敌灭寇的思想感情，使他在戎马倥偬之中也不时拿起笔来填词抒怀，以诗言志。他曾饱含悲愤之情，以“黑水白山”为题，填写一首激荡着极其强烈的矢志抗日救国情感的《黑水白山·调寄满江红》：

黑水白山，
被凶残日寇强占。
我中华无辜男儿，
备受摧残。
血染山河尸遍野，
贫困流离怨载天。
想故国庄园无复见，
泪潸然。
争自由，
誓抗战。
效马援，
裹尸还。
看拼斗疆场，
军威赫显。
冰天雪地矢壮志，
霜夜凄雨勇倍添。

待光复东北凯旋日，

慰轩辕。

## 远征黑嫩

（28—29 岁）

1936 年秋，日本侵略者采取“治标”、“治本”相结合，妄图彻底消灭抗日联军。1936 年是日本关东军实施所谓“三年治安肃正计划”的第一年。因此这年秋冬季“大讨伐”，更严酷于往年。

为粉碎敌人妄图把抗联第三、六军消灭在汤原根据地的阴谋，赵尚志在汤原帽儿山主持召开珠河、汤原中心县委和第三、六军党委联席会议，分析形势，总结斗争经验教训。会议鉴于中共满洲省委被撤销，成立了中共北满临时省委，赵尚志被选为执委主席。会上，赵尚志以联军总司令的资格对第三、六军突破敌人“讨伐”的斗争作了进一步部署。决定利用敌人统治的不平衡性，避敌之锐，插向敌人防守薄弱地区，开辟新的游击区域。第六军主力向桦川、依兰等地突击，第三军一师、二、三、五师各一部及六师、九师等主力部队再次进行西征，向庆城、铁力方向运动，而后挺进黑龙江、嫩江流域边缘海伦、通北、逊河等地，广泛开展游击活动，建立庆铁、通海游击区和根据地。其他部队仍活动在松花江下游地区，伺机分头突击，破坏敌人“讨伐”计划。

为保证第三军主力部队西征的胜利，赵尚志任命李熙山为哈北司令，令其迅速组织远征先遣队先行奔赴铁力。10月初，李熙山率二百余人的远征队从依东地区出发，在通河县境会合九师共同西进。先遣队及先期到达铁力的远征部队稍事休整后，便以铁力东山里为依托，展开了开辟新的游击区的活动。这期间，李熙山率队在大呼兰河上游与三百多名日军交战，予敌重创。第三军二、三、九师与四军二团在孙灵阁山与五百余名敌人激战一天半，毙伤敌军八十余人，为开辟新的游击区域打开了局面。

1936年11月末，赵尚志率三军司令部直属部队、政治保卫师及一师、五师各一部，混合编成五百余人的骑兵部队，以黑嫩流域边缘地带的海伦、通北为目标进行远征。为了迷惑敌人，赵尚志率队从汤原老钱柜岭西出发，先奔木兰蒙古山，给敌人以错觉，以为要攻打木兰县城。敌人遂调重兵防守、阻拦，但赵尚志指挥我军突然挥师北上，直奔铁力。一路上，远征指战员们迎风斗雪，策马扬鞭，翻山越岭，驰骋北进。12月间，部队抵达铁力，与先期到达铁力的远征部队相会合。赵尚志率队在铁力活动约两个多月时间，之后，对铁力、庆城一带活动作以部署，并将所率队伍留下二百余人，以增加开辟庆铁游击区的力量。随即，赵尚志率军部少年连、政保师之一部及一师、五师、六师各一部共三百余人队伍，于 1937 年 2 月间从铁力经庆城、绥棱向海伦、通北等地远征。

赵尚志所率远征部队到达海伦、通北地区后，吸引来大批日伪军。敌人意欲将三军主力于此一举歼灭。在这期间，赵尚志指挥部队与敌人在山里山外相周旋，与日伪军展开多次战斗。2 月 28 日在海伦东北赵家堡子附近与驻海伦日伪军警交战三小时。翌日在海伦哈拉巴山又与日军田岛部队镰贺大尉所率部队交战。此后，伪滨江省公署警务厅派筑谷警正专程来海伦督促伪警团围剿我军。这时，赵尚志对所率部队再次作出行动部署，决定由张光迪率六师留在海伦、通北坚持斗争，开辟通海游击区，调任蔡近葵为第一师师长，并随三军司令部直属部队继续向北远征。

自 1936 年 11 月起，赵尚志率部进行的这次远征艰苦异常。部队经常是在零下三四十度的严寒中进行长途雪地行军，如果用古人之言“积雪没胫，坚冰在须，鸷鸟休巢，征马踟蹰，缯纩无温，堕指裂肤”来形容当时的寒冷景象，亦毫不为过。征途中，夹杂着雪花的凛冽寒风肆虐地吹打在指战员们的脸上，如同尖刀割肉一般难受。他们长时期露宿野外，不管是在战斗或是休息时，总是在冰天雪地之中，身上穿的衣服在烤火取暖时被烧得破烂不堪，许多干部战士被冻伤。不仅如此，远征部队还常常遇到敌人追击堵截，“整天飞机作语，炮火当炸”，因敌人实行严密封锁，给养发生极大困难。粮食吃尽，只好宰食瘦弱不堪的战马。“马肉吃光，吃马皮，马皮不够以橡子为食，尽管如此，还有挨饿的时候。”赵尚志所率远征部队历尽艰险，备尝辛苦。但是参加远征的指战员们不畏艰难险阻，情绪始终是十分饱满的。特别令人感动的是许多十六七岁的少年队员在艰苦斗争中充满乐观主义精神，他们高唱着“豪气壮山河，长征乐趣多，红旗映白雪，风云奏凯歌”的歌曲来振奋精神，鼓舞斗志。远征战士在抗日救国坚强意志激励下，不畏流血牺牲，勇敢地与凶恶的敌人进行斗争，表现出顽强的革命精神。

在赵尚志率主力部队远征期间，第三军其他各部根据赵尚志的军事部署与其所率远征部队相配合相呼应，分路出击，积极开展游击活动，拓宽了游击活动区域，打击了敌人，取得了很大胜利。

第一师一部在李福林指挥下在方正、依兰、林口一带频繁活动，曾与抗联第五、八、九军联合作战，于1937年3月攻袭依兰县城，极大地扩展了抗日联军的政治影响，显示了抗联各军联合作战的威力。

第四师在郝贵林、金策率领下挺进宝清，远征虎林、抚远，游击勃利、密山，与抗联四军一师、六军三师、抗联七军并肩战斗，多次与日伪“讨伐队”交战，摧毁许多反动大排防所，在勃、密、虎、宝地区取得一系列胜利，其所部在反日义勇军中发挥了中心领导作用。

第五师在景永安指挥下，于1936年11月30日夜，一举攻克了佛山（今嘉荫）县城。战斗中消灭日本侵略者十余名，逮捕了伪佛山县县长夏虞卿，击毙了伪警长董宪渊，解除了日伪国境监视队武装，缴获步枪二百支，轻机枪一挺及大批军需用品。

第六师五十四团于巴彦、木兰一带活动，不时攻袭敌人据点，使日伪惊恐不安。

第九师一部积极地活动在庆城、铁力、绥棱一带，广泛开展毁木营、缴局所的游击活动，破坏了日本侵略者经营的木业，使其受到很大损失，此间该部还取得了庆城十六道岗、绥棱阁山战斗的胜利。

从1936年秋到1937年春，在半年多时间里，赵尚志指挥三军部队向黑龙江、嫩江流域远征，有力地牵制了敌人的兵力，在战略上打乱了敌人的部署，使第三军各部顺利地实现了分头突击、主动对敌作战。这期间，抗联第三军部队开展的游击活动从松花江流域的汤原、依兰、通河、方正、木兰、巴彦到黑龙江沿岸的逊克、佛山；从小兴安岭山麓的铁力、庆城、绥棱到北黑铁路沿线的海伦、通北、北安、龙门，纵横数千里，大小百余战，杀伤敌人八百余名，俘虏三百多人，攻战城镇二三十座，缴获大量轻重武器和弹药，取得了辉煌战果。赵尚志正确的“反讨伐”斗争战略部署及亲率队伍进行远征的实现，使第三军冲破了1936年秋冬敌人布置的以宾、木、通、汤、依五县为中心的“大讨伐”，保卫了汤原后方根据地，开辟了庆（城）铁（力）、通（北）海（伦）等新的游击区域。这为以后抗联斗争进入异常艰苦时期继续在黑嫩平原开展游击战争，创造了条件，奠定了基础。

## 激战冰川

☆☆☆☆☆

（29岁）

自1937年2月赵尚志率远征部队来到海伦境内，敌人便派出大批兵力不断跟踪、追击、堵截，妄图把赵尚志率领的部队消灭在海伦东部山区。远征部队在山里进行连续行军，与敌人进行巧妙周旋。当部队来到通北县境后，为了摆脱经常被敌人追击、堵截的被动局面，赵尚志决定伺机设伏，打击敌人。他的想法得到了部下们的赞同。

1937年3月初，赵尚志率领远征队伍顺着运送木材的山道开进通北山里。当年和煦的春风姗姗来迟，通北山区仍十分寒冷，毫无暖意，冷风不时吹来，山上山下依然是冰雪覆地。赵尚志率队进山后，便有一股敌人紧追不舍地跟踪。当部队来到一个山道狭窄、两侧山坡布满茂密树林的地方时，赵尚志命令部队沿山路再继续向前走二三里，然后分左右两路上山，沿山脊再向回折返，隐蔽在山上树林丛中，等待来敌。

大约两小时后，百余名敌人“讨伐队”顺着山道沿我军在雪地上留下的足迹追寻而来，当敌人全部进入埋伏圈内后，赵尚志发出战斗命令。顿时枪声大作，子弹雨点般地射向敌群。敌人“讨伐队”被突如其来的进攻打得蒙头转向。敌人十分疑惑，从雪地上留下的脚印看，抗日联军还在向前方走，怎么会在这山上出现所要追寻的抗日部队呢？

敌人趴在道旁拼命抵抗，当气势汹汹的日本兵进至山腰时，又遭到赵尚志部署的第二梯队的攻击，我军居高临下，四挺机枪一齐怒吼，鬼子兵伪军应声倒地。此战毙伤日伪军三十余人，我军仅伤一人，缴获敌人一些枪支弹药。

战斗结束后，赵尚志说：“敌人绝不会甘心，一定还会反扑，前来报复。”他决定部队迅速转移，把敌人引诱到山里，选好地势，再打它一下子。随后，部队行进至“冰趟子”地方。

“冰趟子”是因附近流淌的山泉水在这里结成一片冰川而得名。此处建有四幢伐木工人居住的木营，里面有用煤油桶做成的火炉。在这里，赵尚志召集干部开会，他说：“冰趟子这儿地势不错，坚固的四座木营可以固守，沟的两侧是山林，可以设伏；沟口处很狭窄，可以截断敌人退路，又可以打敌人的援兵。”他指着外面那一片平坦的盖着一层白雪的冰川信心十足而又诙谐地说：“只要我们能守住阵地，把日本兵引到冰川上，他就像秃头上的虱子一样，无处藏身。别说他有五十（武士）道精神，就是有六十道、七十道也白搭。”接着他命令战士们连夜构筑工事，设置埋伏圈，以准备迎击来敌。

3月7日，日军竹内部队守田大尉所率队伍及伪军约七百余名沿山沟口向我军驻地方向赶来。当敌人进入我军埋伏圈时，一支伪军首先被击退，伪军中队长毙命，其余都连滚带爬地往回逃。接着，约二百名日军从远处耀武扬威地扑向我军占据的木营。但敌人在冰川上站不住，走不稳，很快队形就紊乱了。这时，我军架在矮墙上的六挺机枪猛烈地向敌人射击，成排的日军被打倒。一些趴在冰上拼命还击的日本兵也迅速被打退。

敌人的第一次进攻遭到了失败，但后援部队又至。敌兵稍加整顿，又连续组织了第二次、第三次进攻。敌人依仗人多势众，猛烈向我军冲击，战斗愈演愈烈，处于胶着状态。这时，一股敌人占据了我军驻地左侧一座木营。赵尚志见此，命令少年连趁日军立足未稳，要坚决夺回这一阵地。少年连代理排长赵有财带领两个班英勇与敌搏斗，木营得失数次，最后终于被英勇的少年连战士夺回。

当晚，战斗仍在继续。因山里夜间天气寒冷，枪支冻得打不响，士兵的手指也冻得麻木不能弯曲勾扳机。战士们就换班轮流到木营里烤枪、烤手，然后再去出击。而趴在冰雪中的日本兵被冻得无力还击，枪声渐渐稀落。此时，赵尚志估计到敌人将会在沟口撤退，于是命令加强沟口堵击力量。果然不出所料，敌人开始撤退。我军在沟口处与敌激战一小时，又出奇制胜地杀伤大批敌人。

战斗结束后，赵尚志命令连夜打扫战场，搜集敌人的武器弹药，然后率队撤退。这次战斗日伪军死伤约三百余人，其中被击毙者二百余人，枪伤、冻伤一百多人。被击毙者内有日军守田大尉、曹长片山五郎、曹长天野松治、伍长三井勇三等。事后群众反映，我军撤退后，敌人赶来不少大板车往回拉死尸。这次战斗，我军缴获大批武器弹药，许多敌人运送给养的马爬犁和大量米肉、服装、军毯等物资。此次战斗，我军牺牲七人。

冰趟子战斗是赵尚志指挥第三军远征部队进行的一次较大战斗。此战是在敌我力量相差较为悬殊的情况下进行的。我军指挥员以正确的指挥，英勇顽强的精神，充分利用地形地物，采取巧妙的伏击战术战胜了日军“讨伐队”。冰趟子战斗是以较小代价换取巨大胜利的一次抗联史上著名战例之一。

冰趟子战斗结束后，赵尚志决定留下一部分队伍参加六师七十三团继续在海伦一带活动。而他率领第一师一部和军部少年连共一百五十余人，继续远征，向龙门一带挺进。3月下旬，所率部队到达龙门炭窑后，日军竹内部队町田少佐率“讨伐队”疯狂扑来。3月27日午后2时，赵尚志指挥部队埋伏在龙门东南12公里处大道两侧树林内。当敌人进入埋伏线后，即遭到突然袭击。町田少佐、渡边聿雄准尉、小山三男军曹等二十名敌人当场毙命。余者仓皇溃逃。此战，我军缴获轻机枪一挺，掷弹筒一个，步枪二十余支。

龙门战斗后，日军飞机追踪，轰炸三日之久。部队在以后行军途中，不断遭到敌军阻截追击，受到一定损失，加之在艰苦条件下伤病员无法得到有效医治，部队减员至百人左右。

1937年4月下旬，赵尚志率领远征部队踏上归途。他们徒步行军于小兴安岭莽莽林海之中，每天以橡籽、松子充饥。突破敌人数次堵截，克服重重困难，经艰苦跋涉，终于胜利地返回汤原后方根据地。

# 顽强迎敌

★★★★★

（29岁）

赵尚志率远征回归部队抵达汤原岔巴气，进行休整时，得知在其率队向铁力、庆城、绥棱、海伦、通北远征期间，吉东、北满党组织曾对中共驻共产国际代表团给东北发出的“秘密指示信”及其补充指示信提出的一些政策、策略问题展开了一场争论。

北国的6、7月间，正是“朱明盛长，敷与万物”的季节。小兴安岭帽儿山上的树木枝繁叶茂，郁郁葱葱，奇花异草纷然杂陈，显示出一派生机盎然的景象。中共北满临时省委在小兴安岭密林深处的汤原县帽儿山抗联六军被服厂召开一次执委扩大会议。

会上，赵尚志以省委执委主席资格代表临时省委作了工作报告。赵尚志对来自中共驻共产国际代表团的“秘密指示信”、“新政治路线信”和补充指示信中提出的东北抗日游击战争的策略和一些具体政策提出意见。赵尚志坚持强调统一战线中的无产阶级领导权，积极开展游击战争，反对代表团来信提出的“抗日反满不并提”和“不应视满军为敌人”、“劝群众归大屯”等政策。在这次会议上，应邀参加会议的第五军军长周保中也对上述问题阐述了自己的意见，但未能彻底说服对方。

北满临时省委执委扩大会议根据会议议程还讨论了其他问题。会议根据吉东、北满抗联部队面临的敌人“讨伐”形势指出：首先党直接领导之下抗联各军，应当互相声援，提携一致，配合行动，突击竞赛，开辟新的游击区，克服运动不平衡发展，冲破敌人新的进攻与讨伐。会议决定抗联第八军、第十军隶属吉东省委领导，第九军和独立师（后编为十一军）归属北满临时省委领导。

1937年7月，七七事变爆发。9月18日，赵尚志曾以联军总司令的名义与副司令李华堂、总政治部主任张寿篯联名发出《东北抗日联军总司令部紧急通令》。号召北满人民为援助全国抗日战争行动起来，反对敌人劳役、征发粮食、征发人夫，破坏敌人兵站、仓库和交通，反对归屯并户和建立“集团部落”，积极参加抗日队伍，袭击敌人部队。

七七事变爆发之后形成的全国总抗战有利形势，使东北抗日军民受到很大鼓舞。北满抗联第三、六、九、十一军各部队及团结在其周围的义勇军根据联军总司令赵尚志的部署在松花江两岸、小兴安岭山麓频繁活动，主动出击，积极地以胜利的军事行动配合全国总抗战。

抗联三军第一、三、五师在松花江右岸依兰东部、四师在宝清等地开展对敌斗争。他们的斗争与吉东抗联部队相呼应，紧密连在一起，使敌人不得安宁。三军九师在师长李振远、政治部主任雷炎率领下，活跃异常。这支部队活动在汤原西部，在7月至10月的四个月时间里，毙敌百余名，其中日军七八十人，俘虏数百人。缴获日伪军步枪百余支，轻重机枪六挺，炮一门，子弹数万发。

抗联六军第一、五师和四师一部为扩大游击区，巩固游击根据地进行着顽强勇敢的斗争。一师在富锦、宝清、桦川一带积极开辟新游击区。9月间，曾攻袭了富锦县太平镇、宝清县凉水泉子，协助富锦县委建立了安区、集区、新区、英区、沙岗区、腰山区等区委。同时，恢复了一度被解散了的抗日救国会。五师在绥滨、富锦、同江一带破坏敌人交通运输线和实施“集团部落”的计划，使敌人受到很大损失。同年8月，五师一、二团于古城冈设伏袭击了日军德田指导官所率“讨伐队”，毙伤敌人三十名，德田指导官及史大队长皆被击毙。

在此期间，第六军主力（保安团，二、三师、四师大部）按照赵尚志关于进行新的抗日区域的突击与开展的指示，组织了远征。远征部队在军长戴鸿宾率领下经过二十余日艰苦跋涉，穿过人迹罕至的小兴安岭原始森林，到达绥棱、海伦抗日游击区。之后，与三军六师部队相配合，共同进攻了海伦县叶家窝堡敌人据点，攻占了侯家大屯，摧毁了伪警察署。7月27日，第三军、六军部队与日军粟元部队在海伦县李刚烧锅展开遭遇战，击毁敌汽车两辆，歼敌三十人，缴九二式重机枪一挺，子弹三千余发。与此同时，三军四师与六军二师组成模范师，挺进饶河、抚远境内，与抗联七军相配合，在乌苏里江沿岸不断袭击敌人据点，接连打开国福镇、蒿通镇、海青镇，取得了一系列战斗的胜利。

抗联九军一师在依兰、方正，二师在宝清坚持开展游击战争。8月25日攻袭了依兰五区草帽顶子，伪自卫团43人全部被解除武装。九军在这一带的活动受到群众的欢迎、支持。

抗联独立师于7月25日、9月12日先后袭击了宝清县凉水泉子伪警察分驻所。富锦县国强街敌人据点，解除了驻守在这里的敌人武装，予敌以痛击。同时，抗联独立师在斗争中也不断发展壮大。10月，独立师按照联军总司令部的指令，改编为东北抗日联军第十一军，军长为祁致中。

赵尚志在指挥北满抗联部队积极活动的同时，还组织、领导了群众的反日斗争。

1937年8月20日至24日，赵尚志在率部从桦川县火龙沟向依兰县境转移途中，召集了北满抗日联军的军政联席会议。会议决定为配合全国抗战，在九·一八国耻日组织下江爱国群众举行抗日反满大暴动，以掀起松花江下游地区新的抗日斗争新浪潮。

9月17日、18日两天，汤原县格区、龙区、鹤区、汤区数千名群众在抗联六军三师配合下，手持长矛、大刀、土枪、洋炮分别集会，举行了声势浩大的抗日反满大暴动。其中格区人民群众愤怒高呼“抗日救国大团结万岁！”“把日本侵略者赶出中国去！”的口号。散发数千张《告同胞书》等标语、传单。暴动组织者在会上慷慨激昂地进行讲演，号召人民群众迅速行动起来，开展各种形式的抗日反满斗争。会后，暴动群众进行了示威游行。深夜，广大群众按照暴动计划砍倒了汤原至莲江口、二保至鹤立等线路的百余根电线杆；烧毁、破坏通往佳木斯、鹤立等地的铁路、公路桥梁六座。此次抗日反满大暴动显示了下江人民的斗争威力，打击了敌人的反动气焰，在东北产生很大影响。

# 英雄末路

（1937—1942）

## 伯力受构

☆☆☆☆☆

（29–30 岁）

日本帝国主义为了巩固侵华后防基地，维持在东北的殖民秩序，实现其扩大侵略的野心，在大举进军关内的同时，对东北抗日联军进行了更加毒辣、残酷的野蛮镇压。

1937 年秋，日伪统治者为扑灭东北抗日运动的烈火，于北满地区广泛实行“归屯并户”，在过去已归大屯的基础上，对山区、山边的小村落一律施以“三光”政策，予以摧毁，造成大片无人区，强迫居民迁至有“自卫武装”保护的“集团部落”内。日本侵略者的“匪民分离”政策异常毒辣，破坏了军民鱼水关系。由于敌人军事力量强大，统治严酷，以及地方工作力量薄弱，加之我内部对如何打破敌人的这一毒辣政策认识不一。因此，敌人的阴谋逐渐得逞。结果，抗日联军与广大群众逐渐失去联系，难以得到群众的大力支援，给养经常断绝，兵源难以补充，部队不得不常年露宿荒野，在异常艰苦的条件下与日本侵略者进行斗争。从而，东北抗日游击战争进入了极端困难时期。

1937 年秋冬敌人的"重点讨伐"一开始就显示出法西斯的"疯狂性"、"毒辣性"、"残酷性"。在抗联部队密营不断遭到攻袭情况下，为冲破敌人的"重点讨伐"，赵尚志果断决定：北满抗日联军各部，除在哈南、哈东及松花江左岸仍留一部分兵力外，大部转移。其中派遣一部分部队到萝北、绥滨一带，一部分远征北黑，第三军一师、六师分头向嫩江平原挺进，占领大兴安岭及讷河、布西、拉哈一带。三军五师则游击于海伦、通北、德都、龙门等北黑路线。

在赵尚志积极部署组织北满抗联各部开展反对敌人"重点讨伐"斗争中，因敌人不断加强经济封锁，掐断我军衣食供给来源，同时敌人在开展"讨伐"中更换了枪械、子弹，使我军占军械三分之二数量的连株枪子弹无从缴取，这更为反"讨伐"斗争带来了很大的困难。

面对这种十分紧迫的形势，为了迅速摆脱困境，赵尚志根据东北抗联孤悬敌后，东北党组织长时间与党中央失掉联系，并相互隔绝的实际情况，决定谋求苏联的军事援助，及通过苏联打通与中共中央的联系，取得党中央对东北抗日斗争的领导。

1937 年 11 月 26 日，赵尚志致信苏联远东军司令部布留哈尔元帅及联共（布）军党委员会。信中说希望与苏联远东军"发生经常联系"，请苏联援助轻重掷弹筒、机关枪子弹，援助化学药品、炸药、

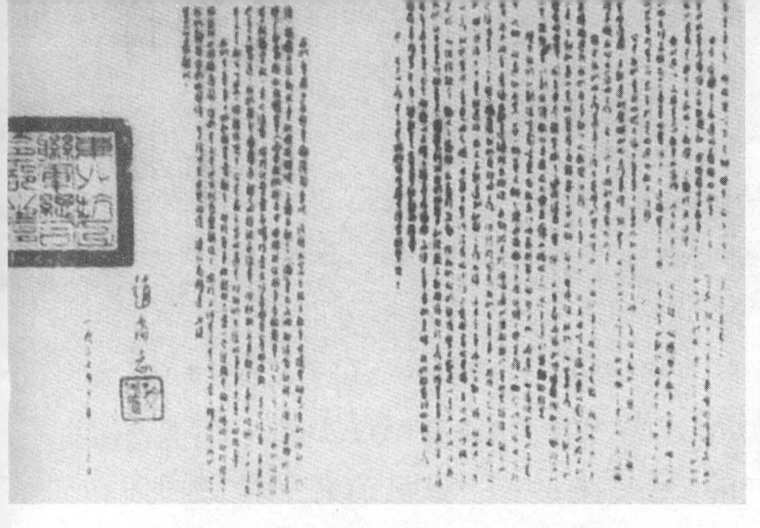

◁ 赵尚志致苏联远东军布留哈尔元帅的信

防毒面具等军用品，提供军事、政治教材，并给予军事方策上的指导。同时，请布留哈尔元帅代转他写给中共中央的信。

赵尚志对这封为争取外援致苏联远东军负责人的信，寄托着很大希望。

1937 年冬，原抗联第六军二师师长陈绍滨向中共北满临时省委汇报说，他通过抗联第七军与苏联取得了联系。苏联要和日军开战，苏联边防军负责人邀请东北抗日联军的主要领导到苏联去研究配合行动问题。

对此信息，北满临时省委异常重视。省委主要领导同志经过慎重考虑之后，在 1937 年底于依兰杨家沟召开会议，最后决定派赵尚志为代表前往苏联。

1938 年 1 月，赵尚志率吴副官，警卫员郭录、王明发、小陆等人在第三军九师部队护送下，踏着黑龙江上的白雪坚冰步行跨入苏联境内。

黑龙江畔，天寒地坼，朔风凛凛，冷气逼人。

当赵尚志等踏上苏联国土后，令人意想不到的事情发生了，苏方否认有邀请抗联负责人入苏商讨重要问题一事。他们一一被苏联边防军缴械，被关押在苏联远东军区内务部拘留所一个禁闭室里。

身在异国他乡而又失掉自由的赵尚志心急如焚，疑虑重重。他坐在禁闭室里（这是赵尚志一生中的第三次铁窗生活），面对苏联的看守，对自己究竟因何缘故而身陷囹圄大惑不解。他曾认为陈绍滨所传递的消息是个骗局，许是奸细施行的“调虎离山”计。赵尚志在禁闭室里不断向苏方申诉要求释放，恢复自由，去见中共中央驻共产国际代表团或返回祖国，但苏方态度冷漠。赵尚志被关押与苏联开展肃反有关，赵尚志致信的远东军区司令布留哈尔是被肃对象，赵尚志因此受到牵连。在苏联远东军区内务部拘留所，赵尚志不时寻机发泄。有时他面对苏联看守大吵大闹。在他心绪平静时，便与被关押在一起的戴鸿宾、祁致中（戴、祁分别因战斗失利，谋求军援过界入苏被关押）谈论东北抗日游击战争中的路线、策略等问题。

赵尚志在苏联禁闭室里还谈古论今，滔滔不绝。他还写过一首诗，其中有“插翅难越三江水，何日功成九里山”的句子。借用韩信驻军九里山，进攻项羽的典故，表达自己渴望早日能够返回东北抗日战场的急切心情。

## 重返东北

（31岁）

1939年5月，春光融融，和风送暖，流经伯力的黑龙江（苏称阿穆尔河）上的冰排顺流东去，不时发出轰然撞击声。这震荡人们心扉的声音使赵尚志思绪万千，他在苏联远东军区禁闭室里已经被关押一年零五个月了。

由于他多次的申诉，事情总算是有了结果，苏方已经答应尽快解决他提出的解除关押，送他回东北的问题。

这期间，苏方把赵尚志、戴鸿宾、祁致中从拘留所里释放了出来，送到一个招待所里居住。6月初的一天，一位苏联远东军少将宴请赵尚志、戴鸿宾、祁致中三位军长。席间苏军少将说：赵尚志被任命为东北抗日联军总司令，并鼓励他回东北继续领导抗日斗争。赵尚志对苏方将其长期关押表示不满，他毫不客气地指斥说："苏联边防军负责人把我们关押起来是非法的，为什么没有向莫斯科汇报？”在这次宴会上，苏军少将向赵尚志道歉，说是误会，并问其有什么要求。赵尚志说希望苏联帮助组织、武装一支由过界到苏联的东北抗联战士组成的部队。这位少将答应了这一要求，同意为其组织一百人左右的全副武装队伍。

被释放近一个月的赵尚志早已是“身在曹营心在汉”了。此刻他更加急切地要求及早返回东北抗日战场，继续开展游击战争，打击日本侵略者。很快，一支由一百余名中国抗联战士参加的队伍组成了。苏方给配备了精良的武装；六挺轻机枪，百余支步枪、六支手枪、三万发子弹、二百三十枚手榴弹及一部无线电台。

1939 年 6 月 26 日，赵尚志率队返回东北抗日战场的前一天，一位前来送行的苏联校级军官在队前向全体队员讲话。他说，苏联支援抗日游击队的斗争，希望全体指战员在斗争中取得胜利。又说，赵尚志是东北抗日联军总司令，大家要尊重他、爱护他、服从他、保护他。赵尚志把这支队伍编成一个教导队、两个中队。任命戴鸿宾为总司令部参谋长兼教导队总队长，祁致中为总司令部副官长，刘凤阳为中队长，于保合为司令部组织科长兼电台工作。后来又任命陈雷为司令部宣传科长。司令部、教导队还组建了党的组织，赵尚志担任支部书记，李在德任支部副书记。

1939 年 6 月 27 日晚 8 时左右，赵尚志率领这支队伍乘船过江，顺利抵达中国沿岸萝北县太平沟附近。

至此，赵尚志结束了在异国他乡长达一年半的拘禁生活，重新返回了他日夜思念的东北抗日战场。

深夜，漫天星斗，暖风轻吹，黑龙江畔万籁俱寂。

赵尚志率部迅速地离开了江岸后连夜向西南方向行进数十里，进入山林中。当赵尚志踏上祖国的土地时，内心无比激动，他眼含热泪地望着连绵起伏的小兴安岭群山，心潮起伏，情绪激动。赵尚志对自己重返东北抗日战场，继续开展对日本侵略者武装斗争充满必胜信心。他感到自己虽然在苏被错误羁押一年半，但毕竟与苏联远东军区取得了联系，并得到一定的援助。他看着自己带回来的队伍，想继续大干一场。

在赵尚志率队回到东北抗日战场的第二天夜晚，就指挥所部与敌人展开了回国第一仗，胜利地攻打了乌拉嘎金矿。拂晓，赵尚志率领队伍，带着缴获敌人的全部武装、电台及大批面粉给养撤离了金矿，走进了敌人难以追寻的山林中。

乌拉嘎金矿战斗后，赵尚志率领部队南行，在小兴安岭山里西梧桐河地区继续开展活动。连续袭击两支日本测量队，缴获负责保护的伪警察武装及大量测绘仪器、地图资料等。

夏末，赵尚志率队在小兴安岭西南岔地区活动时，遇到了原三军留守团团长姜立新带着几个人住在一个“趟子房”（山里狩猎、收山货的人于山间修建的简易小屋）。赵尚志听取了姜立新关于自他离开北满赴苏后一年多时间，北满抗日斗争情况的汇报。当赵尚志得知在他离开北满前去苏联后，北满临时省委清算他自珠汤联席会议以来，推行所谓“反党‘左’倾关门主义路线”，开展反对赵尚志的斗争，并撤销其职务，还牵连一些同志也受到处分。对此，他百思不解，对给他扣上“反党”的帽子很是恼火。他怀疑党内存在一条奸细路线，并认为北满、吉东省委主要领导人有奸细嫌疑。

赵尚志从姜立新那里还得知北满抗日斗争局势的变化：北满抗联部队主力已由松花江下游地区分批转移到小兴安岭西麓海伦、嫩江流域，下江抗日游击根据地基本丧失，整个东北对敌斗争的形势更加险恶。姜立新并告诉赵尚志说，现在敌人已经把铁路修到唐里川（南岔）了。

赵尚志听到姜立新述及的这些情况，深感形势严峻，急欲设法挽回北满抗日斗争失利的局面，把下江抗日游击根据地恢复起来。为坚持开展抗日反满斗争，造成新的斗争形势，赵尚志决定派戴鸿宾、刘凤阳分别率队伍去唐里川、绥滨攻打敌人；派姜立新到北满省委给书记金策同志送信，要召集党军主要负责人紧急会议解决东北整个问题。

但率队去唐里川的戴鸿宾与敌人战斗失利。以后他与第六军一师师长陈绍滨相遇，一起去铁力找

▷ 乌拉嘎金矿旧址

北满省委领导同志。到北满省委，陈绍滨等造谣说赵尚志要以开会为名杀害省委领导人。于是，省委领导取消了去下江参加总司令部召集的会议的决定。

1939 年末，黑龙江沿岸已是冰天雪地，严寒早已降临。赵尚志等司令部人员仍在原地等待戴鸿宾及北满省委领导人的到来。但久等不到。此时他接到苏联远东边疆党委和远东军方面让他去伯力开会的通知。他率总司令部人员过境又去苏联。

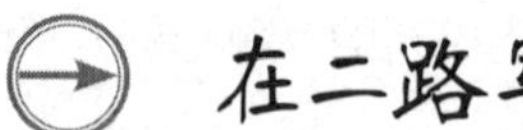

## 在二路军

（32 岁）

1940 年初，赵尚志前往伯力（哈巴罗夫斯克）参加中共吉东、北满省委代表联席会议。会议总结东北抗日游击运动的经验，确定今后抗日斗争的任务、方针、策略，及与苏联边疆党组织、远东军建立关系等问题。

会议期间，传来了一个意想不到的消息：

1940 年 1 月 28 日北满省委召开第十次常委会作出永远开除赵尚志党籍决议。3 月 20 日，赵尚志在没有看到省委关于永远开除他党籍决议全文，不清楚开除的具体原因的情况下，给北满省委写了一份“请求书”，请省委重新审查开除其党籍问题。

“伯力会议”结束以后，1940 年 3 月 26 日，根据会议期间调赵尚志任抗联第二路军副总指挥的决定，他与第二路军总指挥周保中率队跨越乌苏里江，经虎林小穆河，行至抗联第七军驻屯的一座临时营舍。

为了贯彻伯力会议精神，打开抗日斗争新的局面，抗联七军于 4 月 3 日至 9 日召开了党代表会议。赵尚志以总指挥部代表身份参加了会议。会上周保中代表吉东省委作了工作报告，宣布了东北抗日游击运动新的工作纲领，决定根据《关于东北抗日救国运动底新提纲草案》将抗联第七军改编为东北抗联第二路军第二支队。经过会议讨论，与会代表一致拥护新的工作纲领，并表示在实际斗争中不断巩固现有部队实力，积极开展各种斗争，努力实现工作纲领所规定的各项任务。会后，总指挥部还决定将第四军留守部队和第五军三师部队一并编入第二支队。

为加强、充实第二支队及所属各大队领导力量，周保中、赵尚志共同签署了有关二支队军政人员一系列任命。第二支队经过整编，阵容一新。第一大队、第二大队和教导队分别在同江、富锦交界处的密山、勃利及虎林、饶河一带活动，其斗争又有新的起色。

5 月 1 日，第二路军警卫队突袭宝清县南部一日本屯垦军小队，

△ 周保中(左四)、张寿篯（右三）与苏联远东军军官的合影

敌兵全部被击毙。

5月上旬，敌人调动兵力向宝清一带进行“讨伐”。联军活动困难日渐增多。吉东省委在宝清的机关及第二路军总指挥部后方均遭到敌人的严重破坏。原来计划第二路军警卫队除要很快恢复牡丹江下游地区活动外，还要派出部分队伍迅速地到中东路道南开展活动，但由于敌人的严密封锁，行动计划难以实现。

在敌人“讨伐”不断加紧的情况下，为了使干部、战士认清形势，坚定信心，第二路军总指挥部暨警卫队直属部队于5月29日召开党员大会（出席三十二名党员）。赵尚志接受吉东省委委托为大会作政治报告。报告指出：目前是我国长期抗战将由敌我相持的第二阶段，很快转入敌防守，我反攻，决胜歼敌的第三阶段。现在日贼在东北各地加紧对人民压榨，对抗日救国游击运动残酷镇压，说明日贼实在依靠我东北作最后挣扎。我们现时抗日游击运动的斗争环境虽然是严重困危，不断遭受损失，但是我们要深刻看到日寇在军事、政治、经济生活的各方面暴露出空前及有不断增加的薄弱性和动摇，应看到被压迫人民仇日救国的思想并未减低，而有加深。依据这些事实，我们要坚信东北抗日游击运动有它客观前途，配合全国抗战而必能获取最后胜利。此次会议决定赵尚志任第二路军总部《红星壁报》“主笔”。

6月，时值夏季。周保中、赵尚志率部从苏联回东北已近三个月。为使苏方了解部队活动情况、继续寻求与中共中央的联系，周保中、赵尚志于6月12日联名致信苏方代表王新林。信中讲述了三个月工作、战斗情况、现地斗争环境、部队内部情形及面临的困难、请求援助等问题。信中强调，为寻求继续进行东北抗日斗争具体的有力的方法，以从根本上解决问题，有必要与中共中央取得直接联系。此信表达了周保中、赵尚志迫切需要与中共中央取得联系的心情。该信件交由总部交通员送出后，周保中、赵尚志一直在盼望苏方的答复。但是时过一月有余，仍不见回音。

为了尽快解决这一重要问题，7月下旬，周保中决定派遣赵尚志去苏联伯力与苏方交涉。其具体任务是：报告我方情况、敌情；请求批准在苏的部分抗联干部及以前越境的抗联战士回东北；解决中东路道南二、五军部队与苏联的联系问题；请求无线电、冬季服装等物资援助；请求帮助派遣党的代表到内地中共中央所在地解决东北问题。8月初，赵尚志从位于勃利、宝清交界的总指挥部驻地出发，再次去苏联。

赵尚志到苏联伯力后，向苏方报告了第二路军总部四个月的工作情况，提出了各项要求。但由于种种原因，要求大部未得实现。同年10月初，赵尚志与于保合、王一知、单立志、郭祥云等七八人过乌苏里江回国，抵达饶河县暴马顶子第二路军第二支队密营。

11月上旬，赵尚志收到苏方电报，说12月间要在伯力召开有中共代表参加的党和游击队干部会议，以"解决东北党组织和目前游击运动的一切问题"，要求他迅速到苏联伯力参加会议。

同年12月，吉东、北满、南满党组织、军队主要负责人在分别得到苏方通知后，都先后率少部队伍来到伯力，准备参加由中共代表出席的重要会议。但是，令人大失所望的是，数日后，又从苏方得到中共中央代表不能参加会议的消息。这样，只好由吉东、北满、南满党军代表举行集会，相互交换意见，研究实现东北党、军集中统一领导问题。

会议开始时，赵尚志参加了抗联领导干部们的会谈。12月23日，周保中、金策、张寿篯、冯仲云在赵尚志住所举行会晤。在这次会晤中，赵尚志向北满省委负责同志询问了关于开除他党籍的原因，问到了1938年初他越境去苏后，北满党组织是否按规定关系向苏联找过他。本来，这次机会赵尚志和北满省委领导同志可以认真交换意见，澄清许多问题，解除误解。但事情又发生了变化，在会议进行期间，抗联第二路军 ×× 驻屯所在地的党积极分子扩大会议对赵尚志在饶河县暴马顶子活动期间一些不当言论进行了揭发，赵尚志遭到了批判。这样，赵尚志便被取消参加正在进行的第二次伯力会议的资格，退出了这次会议。同时，也被撤销了抗联第二路军副总指挥职务，其党籍问题也没能解决。

此时，赵尚志革命生涯跌入低谷。

## 身陷魔网

（32–34 岁）

在 1940 年末到 1941 年秋将近一年的时间里，身在异国他乡的赵尚志十分渴望返回东北抗日战场。他要继续为“光复东北，争回祖国自由”而战，重新组织队伍驰骋疆场，打出个局面来。他也想奔赴关里，去延安找党中央。因此，他不断向苏方提出请求：“我要回东北。”

1941 年 10 月，秋日的萧索之气弥漫在苏联远东地区山间、旷野、河畔……位于黑龙江边的伯力城凉意渐浓，撒满街道的枯黄树叶，预告严冬即将来临。苏联有关方面答应了赵尚志回国的请求，苏方同意由他率领一支精悍的小部队去北满活动。苏方要求，过界三个月之后，不管情形如何，都必须返回苏联。

经过短暂的筹备，于10月中旬，赵尚志率姜立新、张凤岐、赵海涛、韩有四名抗联战士组成一支小部队，携带武器和几十斤烈性炸药，从伯力出发。他们乘火车又转乘汽车来到黑龙江边，之后，在苏联边防军协助下，秘密渡江，于萝北县境登岸。

赵尚志终于又回到了东北抗日战场。他们一行五人由萝北县大马河口径向西南方前进，经过四天于高山密林中艰苦跋涉，来到梧桐河上游老白山地区。站在老白山上，极目远眺，苍茫的小兴安岭群山尽收眼底。北满大地一山一水、一草一木，对于赵尚志是那么熟悉，那么亲切。他心潮澎湃，内心异常激动。赵尚志决心重整旗鼓，继续进行抗日斗争。

当他们来到老白山东南坡姜把头"趟子房"时,赵尚志经过与"趟子房"主人姜振才交谈，感到他是个正义可靠的人。于是决定以此为活动据点，准备执行预定任务。

这期间，赵尚志多次向战友表示，要为匡复祖国，为东北同胞的解放献出最后一滴血。他曾说："宁肯死在东北抗日战场，也不回苏联。"这类似发誓的语言表达了他要将抗日斗争进行到底的决心。

根据赵尚志的决定，小部队走出据点，到周围的"趟子房"开展活动，以逐步发展抗日武装。

12月间正值隆冬季节，整日里朔风怒吼，大雪飞扬。赵尚志率领小部队冒着零下三四十度的严寒，趟着没膝深的积雪，在小兴安岭密林深处梧桐河和汤旺河上游间一连走了四五个“趟子房”。董家大营、四海店、板子房等地都留下了赵尚志的足迹。他们每到一地便见机行动，或做宣传，或了解情况，从中得到不少有关山里、山外形势的消息。12 月 23 日，他们来到汤原县北部乌德库，吸收了采集皮货的青年王永孝入队，这样小部队增至六人。

1942 年 1 月中旬，赵尚志一行在鹤立、汤原两县北部活动已有三个月。根据苏方关于过界三个月后，不管情况如何都必须返回的要求，赵尚志等在岭后三间房向老白山附近姜把头“趟子房”回返途中召开了一次会议。会上，赵尚志决定派赵海涛等二名战士去苏联汇报情况。而他和姜立新、王永孝返回姜把头“趟子房”继续以此地为据点，开展抗日活动。这样，赵尚志便未按苏方要求回返苏联而留了下来。

不料，在 1941 年末，赵尚志率小部队在鹤立、汤原北部地区开展活动的情况被敌人侦知。赵尚志的这次出现是敌人所始料不及的。因此，这则情报被伪鹤立县警务科视为“甲种”情报并报告给上级，从而引起了敌人的极大注意。

此时，被确定为“第一线情报据点”的伪兴山警察署头目、署长田井久二郎（警佐）、特务主任东城政雄（警尉）正在积极谋划捕杀赵尚志。田井说："应采取派遣伪装的侦探、谍报到山里，秘密地潜入赵尚志部下，设法把他引诱到警察活动范围内，见机使他负伤，然后将其加以逮捕的办法。"田井的毒谋受到东城的喝彩。尔后，田井将该计划作为绝密上报伪鹤立县警务科，又经县转到伪三江省警务厅和保安分室。

1942 年 1 月上旬，敌人决定按计划在兴山伪警察署所属的特务中选出对这一工作"有决死行动"的特务潜入赵部。结果，特务刘德山被选中。

1 月 15 日，刘德山秉承田井旨意，伪装成收山货的老客窜入鹤立县北部山区中。同时，为配合特务刘德山的行动，伪鹤立县警备队警长穴泽武夫以下 16 人进驻鹤立县北部地区担任警戒。1 月下旬，又派 25 名特务由梧桐河附近进山，专做情报联络工作。这样，十分毒辣、阴险的诱捕赵尚志的罪恶计划便开始付诸实施。

数十日后，谙熟山路、狡黠奸诈的刘德山终于在汤原北部老白山附近的姜把头"趟子房"寻觅到了赵尚志所率小部队。刘德山花言巧语，骗取信任。赵尚志为发展抗日武装，求成心切，未能识破其祸心，轻信了刘德山的谎言。在缺乏严格审查的情况下，将刘德山吸收入队。显然，赵尚志于此，已中敌计。2 月初，伪兴山警察署长田井久二郎又派出二号特务张锡蔚进山，执行同样的任务。2 月 8 日，张锡蔚在姜把头"趟子房"找到了赵尚志所率小部队。特务刘德山看到来人是同伙，便极为诡诈地对赵尚志说："他是我唯一的亲友，由于我没能及时回去，他很挂念，是来探听我的。”赵尚志见刘德山这样说，随之，这个特务也混到赵尚志所率小部队中来。此后，刘德山、张锡蔚两名特务一直潜伏在赵尚志身边。

当晚6时，特务刘德山开始按田井制定的计划向梧桐河方向引诱赵尚志。他向赵尚志“献策”说：“梧桐河警察分驻所警备力量缺乏，现在正是袭击的好机会。”赵尚志听罢，对刘德山的提议未置可否。晚饭后，赵尚志经过考虑，作出决定：12日拂晓，袭击梧桐河伪警察分驻所和警备队，并作了具体战斗部署。翌日晨，赵尚志一行从姜把头“趟子房”出发，向梧桐河伪警察分驻所方向移动。

## 最后斗争

☆☆☆☆☆

（34岁）

1942年2月12日凌晨，北方大地，朔风凛冽，寒气逼人。

位于小兴安岭山区距梧桐河两公里的吕家

菜园子小屋旁，响起一阵枪声。这枪声打破了沉寂的黑夜，一场激烈的战斗在这里进行。就在这次战斗中，被敌特击伤、鲜血染红雪地的东北抗联将领赵尚志在重伤昏迷中被敌人俘获。

原来，自赵尚志率小部队向梧桐河方向移动后，刘德山为伺机谋杀赵尚志就一直跟在他身边。当他们来到吕家菜园子时，走在赵尚志前面的刘德山认为时机已到，便狡诈地对大家说："这里离分驻所不远啦，咱们到菜园子屋里暖和一下。"又说："你们先走，我去小便。"说罢，他转身行至赵尚志身后，举起步枪便向赵尚志射击。由于近在咫尺，赵尚志后腰下部中弹，立仆在地。此时，赵尚志对眼前突发的一切十分清醒，立刻意识到刘德山原来是敌特奸细。他强忍剧痛，镇定如初，操起手枪便向正朝战士王永孝开枪的刘德山打去。刘德山头、腹部各中一弹，当即毙命。

自枪声响后，走在后面的姜立新急忙跑上前来，夜色朦胧中依然可见赵尚志腹部血流如注，鲜血浸透了衣裤。赵尚志自知伤势不轻，难以继续行动，便命令姜立新迅速离开。跟随赵尚志多年的姜立新急忙把赵尚志背进吕家菜园子小屋里。吕家菜园子主人见来人身着军装，负有重伤，十分恐惧。赵尚志忙向主人解释说自己是抗联打日本鬼子的。吕家女主人在炕上用温暖的手焐着赵尚志的被冻得冰凉的手。这时，赵尚志再次命令姜立新迅速离开。

刚从吕家菜园子附近与刘德山分手的特务张锡蔚，听到后面响起了枪声，急忙跑到梧桐河伪警察分驻所向敌人报告。分驻所的伪警察听到说"刘炮与赵尚志打起来了"，闻声大惊失色，乱作一团。在梧桐河担任警戒任务的县伪警备队警长穴泽武夫于忙乱间临时召集12名伪警察、警备队员组成一支“讨伐队”。2时40分，“讨伐队”在特务张锡蔚引领下将吕家菜园子包围起来。接着，便是一场战斗。对于这场战斗，敌人曾作过这样描述：“‘讨战队’因积雪尺余，行动不便，遂于距赵部房舍400米附近潜伏下来，监视赵部动静。在潜伏中，很快被‘匪团’发觉，于是散开应战。为了切断‘赵匪’的去路，派分驻所所长以下5名迂回后方，战争经历15分钟，‘匪部’枪声熄灭。”在这一战斗中，姜立新根据赵尚志的命令携带装有秘密文件及活动经费的文件包转移，之后，径去苏联。王永孝腹部被机枪子弹打穿，负了重伤。

赵尚志与王永孝在重伤剧痛昏迷中被俘。敌“讨伐队”经搜查，掳获了赵尚志印鉴一枚，任命状数张，三八式步枪两支，子弹二百三十发，美制克鲁特一号手枪一支，日制九一式手榴弹十枚，日军军服一套半。

之后，敌人派人下山叫来两个爬犁，将身负重伤的赵尚志、王永孝及特务刘德山的尸体拉到梧桐河伪警察分驻所附近一个工棚子里。赵尚志从昏迷中醒来后，看着赶爬犁的丁春生说：“只成想死在千军万马中，没想到死在刘炮手里。”丁春生用白面袋子将其伤口稍作包扎。赵尚志所受是贯通伤，子弹从背后右下部打进，斜从小腹与胯间穿出，血流不止，伤势十分严重。敌人为了了解抗联活动机密，得到口供，又鉴于赵尚志身负重伤，无法行动，便于现地对他进行了突击审讯。

毋庸讳言，赵尚志是受到敌人诱骗，中计负伤而被俘的。但是，他与敌人的最后斗争却异常英勇与坚强。当12日凌晨，不幸事件猝然发生时，他临危不乱，击毙了特务刘德山，在穴泽警长率"讨伐队"前来"围剿"的战斗中，他决心牺牲自己，命令姜立新等迅速离开，逃离险境。不仅如此，在受伤被俘，敌人审讯时，他依然坚持对敌人展开顽强斗争。当日本人和伪警察拿饭给他吃时，他怒斥道："我不吃你们满洲国的饭！"他一看见日本人和伪警察官时就怒不可遏，咬牙痛骂："你们离我远点儿，我不闻你们腥。"赵尚志以惊人的毅力抑制着难以忍受的伤痛，对自己所受重伤带来的苦痛没有一声呻吟。他狠狠地瞪着审讯他的日本人和伪警察们，以不屈之态与敌人进行着最后的斗争。

关于对赵尚志的审讯，日伪资料有如下记载：

"赵尚志受致命重伤，仅生存八小时，于此期间，对审讯之满人警察官称：

'我是赵尚志。'

'你们和我不同样是中国人吗？你们却成为卖国贼，该杀！'

'我死不足惜，今将逝去，还有何可问？'

除发泄等言语之外，缄口不言，一直睨视审讯官，置刀枪痛苦于不顾。显示无愧于'匪'中魁首之尊严，而终于往生。"

赵尚志受伤后仅活八个小时，12日晨9时左右，心脏停止了跳动。

# 后 记

## 英烈革命精神不死

赵尚志为中华民族解放事业流尽了最后一滴血，献出了宝贵的生命。

历史的辩证法是无情的。侵略者无论如何疯狂，总是挽救不了他们失败、灭亡的命运。不甘受日本侵略者压迫和奴役的人们，为了民族的生存，国土的完整，经过 14 年的长期艰苦奋斗，终于争得了自由和光明。1945 年世界反法西斯力量向日本帝国主义发起最后的凌厉攻势。“八·一五”日本政府宣告无条件投降。尽历劫难的中国人民最终取得了抗日战争的伟大胜利。东北大好河山回到了祖国的怀抱。赵尚志及无数先烈的血没有白流。

赵尚志是为民族解放事业而死的。他在生命最后时刻强忍剧痛，坚持斗争，在残暴的敌人面前，宁死不屈，表现出了一个革命者对党、对人民、对祖国的无限忠诚，其显示出的尊严，无疑即具有他作为抗日将领的尊严，也是中华民族不甘屈服于帝国主义及其走狗的民族尊严。

赵尚志虽已牺牲，但其革命精神永存。赵尚志作为一个爱国主义者、共产主义战士，为实现党和人民赋予的历史任务，为自己的崇高理想奋斗了终身。他作为一名东北抗日联军的领导人，他深受人民的爱戴。他在所从事的抗日斗争事业中建立的功勋受到广大人民的敬仰。

纵观赵尚志的一生，是革命的一生，战斗的一生。他在反抗外来侵略的民族解放战争中展现出的革命精神，是中华民族精神的具体体现。因此，他牺牲后，人民深切怀念他。

为了缅怀他在东北抗日武装斗争中的功绩，永远纪念这位英雄，“九三”东北光复后，松江省人民政府遵照广大群众的意愿，并经上级批准，将其英勇战斗过的地方、东北抗日联军第三军发祥地——珠河县改称尚志县（现尚志市）。这样，“尚志”就成为中国大地上屈指可数的以英烈之名命名的一个县级行政区划。同时，在哈尔滨市，也将他早年从事革命活动时经常经过的一条繁华街道新城大街，更名为尚志大街。

1982年，是赵尚志牺牲40周年。随着党的十一届三中全会以来各项政策的落实，中共黑龙江省委对其被开除党籍一事，进行了认真复查，实事求是地作出了正确的结论，决定撤销1940年1月中共北满省委《关于开除赵尚志党籍的决定》，恢复其党籍，恢复其名誉。

1984年8月，赵尚志烈士纪念碑在黑龙江宝泉岭建成，并举行揭碑仪式。

1986年9月，黑龙江省尚志市建成赵尚志烈士纪念馆，展示其英雄业绩，供人们学习、参观。

2005年9月，在北京举行的纪念抗战胜利60周年大会上，党和国家领导人胡锦涛讲话中，将赵尚志列为中国人民不畏强暴，英勇抗争的八名代表之一，予以高度评价。

2008年，在赵尚志的家乡辽宁省朝阳县建成赵尚志烈士纪念馆，修筑了烈士陵园，将其颅骨安放于内。这里成为进行革命传统教育、爱国主义教育的基地。

一代英雄虽已逝去多年，但其丰功伟绩永存，革命精神不死。人们爱戴他、纪念他、学习他，其浩然之气将永驻人间！